LOCAL REVITALIZATION SYSTEM

地域活性化システム論

理論と実践の融合と価値創造による地方創生を目指して

桂 信太郎／那須清吾［著］

Shintaro Katsura / Seigo Nasu

千倉書房

はじめに

地方創生がわが国としての重要課題といわれながら、人口の流出や地方経済の減退に歯止めがかかっているとはいえない状況である。地方において、農業、観光、福祉、中山間などに存在するさまざまな社会課題の解決に取り組むことで社会的価値を創造し、さまざまな事業を通じて経済的価値が創造されている。今日、地方では、企業活動と健全な地域社会が共存共栄できる共有価値の創造のためのマネジメントが求められているのである。

高知県には、大企業のサプライチェーンに組み込まれた事業は少なく、主要産業は天然の農林水産物など地域資源に由来する産業が経済活動の多くを占めている。少子高齢化など課題先進県でもあり、今日、全国で生じ得るさまざまな課題を先んじて経験している。このような全国の地方における共通した「地域固有の課題」を解決するためのマネジメントを考えることは、都市部における格差増幅（地域や階層）や既存企業や事業体の行き詰まり（グローバル化による競争力低下、製造業空洞化、企業移転）などの打開策を考える上でのヒントになる可能性がある。

また、高知県の経常収支や、人的収支も大幅な赤字であることが衰退の主要因であることは、全国の地方が抱える基本的に共通する構造問題であるといえる。多くの地方は、都市部よりも金融機能やビジネスシーズに対する目利き機能が脆弱であり、地域には、地域資源による経営モデルを企画できる人材の育成が望まれている。しかしながら真に地域活性化を考えれば、個別の経営資源に着目した経営モデルを構築するのではなく、普通に地方に存在する資源による地域活性化モデルを推進すべきである。地方に残された限りある経営資源である森林、農水産物、自然、人材などを活用したビジネスモデルを企画できる人材育成により、個々には小さいが多くのビジネスを創造することで地方の活性化が望まれている。高知県はもとより、全国の地域活性化に適用できるモデルを提示できればと考えている。

2008年度より高知工科大学において開講されている内閣府連携「地域活性

化システム論」は、こうした背景を踏まえ、①地方における地域再生を考え担い手マインドを育成する、②具体的な地域活性化を考えるための専門知識の取得とビジネスモデルの具体的構築を考える企画者を育成する、という2つの目的から講座を開講している。中央省庁の地域活性化に関わる政府方針・政策・支援策に関する講座と地域活性化企画者による講義や、高知工科大学の教員による講義とグループワークという構成で講座を進めている。講座の開講・運営にあたっては、これまで多くの方々にご協力・ご支援をいただいてきた。

この講座は、2008年、高知工科大学の理事であった清成忠男先生（法政大学元総長）らの研究グループのご指導の下にスタートした。外部講師として、毎年、内閣府、観光庁、農林水産省などの中央官僚の方々、全国の地域活性化に従事する実践家の方々、企業経営者、研究者等にご登壇いただいた。毎年この公開講座では、大学生はもとより自治体、企業、NPO法人関係者、一般県民の皆様方に、多数ご受講いただいている。また、地域活性化システム論を開講する全国33大学が中心となって2008年に発足した地域活性学会は、年々会員数も増加し1,000名を超え、全国大会の参加者も多く、毎回熱心な議論が展開されている。

本書は、2015年に千倉書房から刊行された、桂信太郎、那須清吾、永野正朗著『地方のための経営学』の内容を踏まえ、また、2008年度から高知工科大学で実施している内閣府連携公開講座「地域活性化システム論」の実施報告書（2008～2019年）をベースにしながら編集されている。本書は、これまでの地域活性化システム論の議論を踏まえ、今後、講座を受講する学生の学習がさらに進むような入門教科書を志向した。また、これから全国における地域活性化を学ぶ方々への教科書としての意味合いも持っている。

本書作成に当たり、多くの方々にお世話になった。内閣府地方創生推進事務局様、綱澤幹夫様（農林水産省大臣官房研究調整官）、大泉一貫様（宮城大学名誉教授）、大南信也様（NPOグリーンバレー理事長）、畠中秀人様（前観光庁観光地域振興課長／名古屋高速道路公社副理事長）、平田透様（金沢大学名誉教授）、村上健太郎様（NPO砂浜美術館理事長）、山倉健嗣様（大妻女子大学副学長・教授／横浜国立大学名誉教授）、安岡千春様（NPO法人日高わのわ会事務局長）の皆様には、ご講演の内容に基づき桂が起稿した原稿に対して加筆修正していただき掲載許可をいただいた。桂研究室の金子美侑さんは、原稿化に助力いただいた。

また、本書出版をお引き受けいただいた千倉書房の編集部長の神谷竜介様および山田昭様に心から感謝申し上げたい。本書の執筆を粘り強くご支援いただいた。ご協力いただきました皆様に感謝申し上げますとともに、本書の文責は筆者にあることを申し添えます。

2020年10月　筆者

本書に寄せて

「地域づくりを担う人材輩出への期待」

清成　忠男

地方創生の主役は、地域の人々である。地域の人々が、地域づくりの構想を自ら策定し、実践することが重要である。地域づくりにおいては、地域内だけにとどまらず、地域や業種の垣根を越えた連携による問題解決が有効である。さまざまな主体の連携のベースとなるプラットフォーム組織、さらに全国的なプラットフォーム組織も有効である。そのなかで、プラットフォーム組織のマネジメントやガバナンスに関わる専門的人材の役割が特に重要になる。新型コロナウイルス感染拡大の影響で、地域の課題がより大きく浮き彫りになっているが、このような時代においてこそ、未来を見据えた構想とその実行力が求められている。

さて、「地域活性化システム論」は、内閣府のよびかけによって、全国の大学で授業科目等として開講されている取り組みである。担当教員による講義だけでなく、フィールドワークを取り入れたり、地域づくりの第一線で活躍する方をゲスト講師として招聘して、受講する学生に大きな刺激を与えている。

高知工科大学においても、学生のみならず、地域住民も熱心に参加して、人材育成の場となっている。私も2008年から高知工科大学の理事に就任した縁でプログラムにも参画し、当時の尾﨑正直知事や岡村甫第二代学長、佐久間健人第三代学長、那須清吾教授をはじめ、多くの方と活発に議論する機会を得た。地域に根差した大学として、本講座は一定の役割を果たしているといえよう。

全国の大学で「地域活性化システム論」の授業を開始した当時、多くの担当教員は学際的な領域で、カリキュラムやテキスト、フィールドワークなどをどうするかについて苦心していた。試行錯誤するなかで、開講大学間で連携をとり、情報交換してはどうか、という声があがり、それが地域活性学会設立につながっている。地域活性学会は2008年に設立され、東京の法政大学、事業構想大学院大学が本部事務局を担当し、10周年を経た2019年度からは高知工科大学が引き継いでいる。本部事務局は、磯部雅彦学長はじめ、学会の中心を担う那須清吾教授、桂信太郎教授などの献身的な努力により円滑に運営されている。多くの学会本部が東京に集積するなかにおいて、地域活性学会が高知に置かれている意義は大きい。

本書の刊行を機に、高知工科大学の「地域活性化システム論」がますます進化発展し、ここから地域活性に寄与する多くの人材が輩出されることを望みたい。

清成　忠男（きよなり・ただお）

高知工科大学元理事、法政大学元総長、事業構想大学院大学顧問

1933年生まれ。東京大学卒。専門は中小企業論、ベンチャービジネス論、地域経済論。

地域活性学会、日本ベンチャー学会、日本キャリアデザイン学会の初代会長を歴任。

地域活性化システム論

理論と実践の融合と価値創造による地方創生を目指して

目次

目　次

第1章 地域活性化システム論

第1節　地域活性化システム論の概要

1. 内閣府連携科目「地域活性化システム論」

西村清彦監修、御園慎一郎他編著『地域再生システム論：「現場からの政策決定」時代へ』東京大学出版会（2007）（以下、西村監修・御園編，2007）および橋本行史編著、御園慎一郎著の第2章「地域活性化と大学の在り方」『地方創生の理論と実践―地域活性化システム論』創成社（2015）（以下、橋本編・御園，2015）によれば、2000年の地方分権一括法以降、中央集権から地方分権へ行政変革が進み、地域活性化は「自考」、「自立」、「自主」の方向で地域の課題解決が進められているという。また文部科学省は「知の拠点整備事業」を展開し、教育基本法や学校教育法を改正して、大学の役割として従来からの「教育」、「研究」に加えて「社会貢献」を3本目の柱とし、大学が地域を志向し、地域と連携し、「地域活性化の取り組み」や「地域人材の育成・雇用機会の創出」などに取り組んでいる（橋本編・御園，2015，18-19頁）。

内閣府・内閣官房は、各地域・各大学のニーズに対するコンサルティングを実施しているが、その一環として「地域活性化システム論」を主導している（図1-1）。大学が内閣府と連携しながら展開される「地域活性化システム論」は、地域活性化に貢献できる地域のリーダーを育成するという視点と、その視点に立ったプログラム展開を志向している（図1-2）。内閣府は、地域の大学を地域の拠点と位置付け、全国の33大学と連携しながら地域活性化システム論を開講している。また内閣府は、各省庁と協力し、政策のキーパーソンを地方へ派遣支援し、広報活動の協力、現場のニーズに即した実践的なリサーチ・研究を実施している。地域毎の具体的なアクションプランの作成を通じ、地域力の向上を図ることを目的としている。具体的には、大学のキャンパスに教員と学生、地域づくりをしている市民、国や地元の地方公共団体とその職員が加わって、公開講座形式の講座を実施し、その中で、その地域の抱える課題について活性化の戦略を練るというものである（橋本編・御園，2015，20頁）。

2. 高知工科大学の地域活性化システム論

高知工科大学マネジメント学部（現在は改組により経済・マネジメント学群）は、学部が設置された2008年度より「地域活性化システム論」（公開講座）を開講している。2008年10月、高知工科大学で実施されたキックオフ・シンポジウムには、省庁関係者、尾崎正直氏（高知県知事）、清成忠男氏（地域活性学会初代会長、法政大学学事顧問、高知工科大学理事）、木村俊昭氏（内閣府企画官）をはじめ、全国の地域活性化に関わる実践者らが多数参画、約500名の県民が

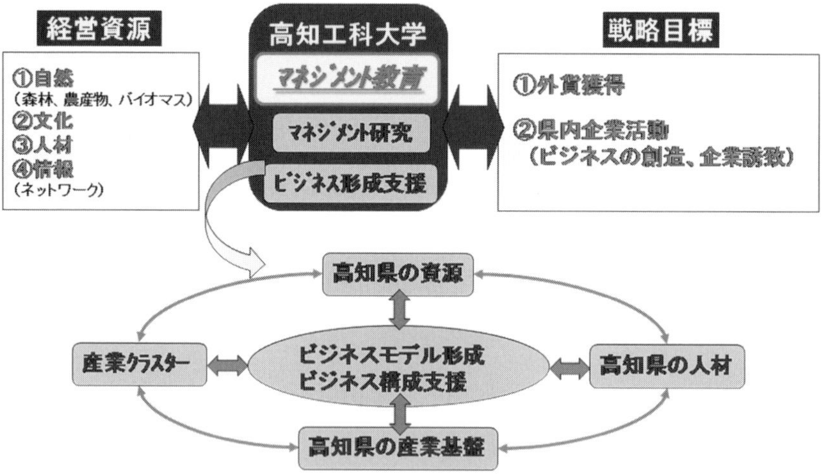

図1-1　内閣府プロジェクト　地域活性化システム論（概略図）

出所：那須清吾　作成。

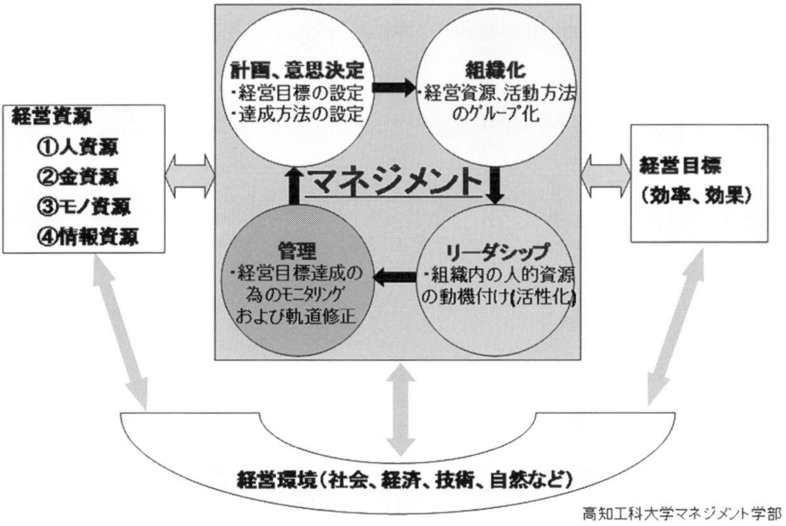

図 1-2　ビジネス創造のためのマネジメント（概略図）

出所：那須清吾　作成。

聴講した（肩書は当時）。

高知県はインフラ等の企業立地条件で競争性が低く、県土の 84 %を森林が占めるうえ、主要な地域資源が農産物や森林、自然のみであるなど、地域活性化には厳しい条件が備わっている。また、県の経常収支、人的収支も大幅な赤字であることが衰退の主要因であることは、全国の地方が抱える基本的に共通する構造問題である。さらに、高知県の有効求人倍率は 0.5 と全国最低水準であり、人材活用が緊急的課題である。真に地域活性化を考えれば、個別の経営資源に着目した経営モデルを構築するのではなく、普通に地方に存在する資源による地域活性化モデルを推進すべきである。

高知工科大学では、地域に存在する資源を活用した地域活性化の方策について、省庁、事業リーダー、有識者、大学教員をパネリストに迎えパネル討議やグループワークを実施している。清成忠男先生（法政大学学事顧問、高知工科大学元理事）のご指導や、地域活性学会からのご協力の下で推進されている。

3. 講座の目的や内容

高知工科大学における地域活性化システム論の講座の目的は、地方に残された限りある経営資源である森林、農産物、自然、人材を活用したビジネスモデルを企画できる人材育成により、個々には小さいが多くのビジネスを創造することで、高知県全体を活性化させることであり、また、全国の地域活性化に適用できるモデルを提示することを目的としている。

受講対象者は、自治体、企業、NPO 法人関係者、一般県民、高知工科大学の在学生等である。高知工科大学の学部学生の講義であるとともに、一般市民にも開放された講座である。

講座の内容は、中央省庁の地域活性化に関わる政府方針、政策、および支援策等に関わる講座であり、また、全国の地域活性化を実施した経営者、高知県内の地域活性化を主導する経営者による講座（例えば、馬路村のゆずビジネスの企画者など）である。

講義形式は、講演、パネルディスカッション、グループ討議による。受講者が地域活性化の具体的方向性を理解し、将来の担い手となるモチベーション創造を意図する。土日の集中講義を基本とし、経営者、実践者、自治体職員、一般市民等が受講しやすいように配慮している。講義の構成は、下記の5時限のパターンで9：00～18：00 集中講義形式を、3日間実施する。

〈基本的な講義の構成パターン〉

1時限目：各省庁の地域活性化政策講義（90分）※中央省庁から講師派遣
　1）内閣府：地域活性化に関わる政策
　2）経産省：地方のビジネスモデル支援
　3）農水省：農産品・森林ビジネス支援
　4）国土交通省観光庁：観光ビジネスと地方政策
2時限目：各省庁講義者、地域経営者による地域活性化講義（90分）
3時限目：地域活性化企画者の講義（90分）
4時限目：パネル討議（90分）
5時限目：会場との討議

4. これまでの登壇者（2008 ～ 2019 年度）

以下は、これまでご登壇いただいた講師の方々である。感謝の意を表して以下に記した（肩書は当時、敬称略、順不同）。

〈2008 年度〉

【9 月 27 日（土）・農業ビジネス】

岩本隼人（林野庁森林利用課長）、吉澤文四郎（ひまわり乳業株式会社）、谷成臣（苺氷本舗株式会社）、国友昭香（国友農園社長）、池洋一（池一菜果園社長）、進行／村瀬義祐（高知工科大学マネジメント学部教授）

【10 月 5 日（日）・観光ビジネス】

笹森秀樹（国土交通省観光地域振興課長）、畦地履正（四万十ドラマ代表）、西悟（アーティスト）、梅原真（梅原デザイン事務所）、元吉喜志男（高知県観光部長）

【10 月 13 日（月祝）・地域再生シンポジウム】

岡本義行（法政大学大学院政策創造研究科教授・研究科長）、尾﨑正直（高知県知事）、木村俊昭（内閣官房地域活性化統合事務局企画官）、清成忠男（法政大学学事顧問）、東谷望史（馬路村農業協同組合代表理事組合長）、岡﨑昌之（法政大学現代福祉学部・大学院人間社会究科教授）、川竹満寿子（廓中ふるさと館代表）、神田優（NPO 法人黒潮実感センター長）、中越武義（梼原村長）、進行／平野真（高知工科大学マネジメント学部教授）

〈2009 年度〉

【9 月 26 日（土）・農林ビジネス】

榊浩行（農林水産省大臣官房参事官）、大南信也（NPO グリーンバレー理事長）、片岡正治（岩城設計事務所社長）、国友昭香（国友農園社長）、進行／村瀬義祐（高知工科大学マネジメント学部教授）

【10 月 4 日（土）・観光ビジネス】

笹森秀樹（観光庁観光地域振興課長）、神田優（黒潮実感センター長）、石塚悟史（高知大学地域連携センター准教授）、進行／平野真（高知工科大学マネジメント学部教授）

【10 月 11 日（日）・中山間およびスモールビジネス】

浦田啓充（内閣官房地域活性化統合事務局参事官）、能瀬宏隆（経産省地域経済産業政策課企画官）、上治堂司（馬路村長）、岡本義行（法政大学教授）、山本裕久（山本貴金属地金会長）、進行／那須清吾（高知工科大学マネジメント学部教授）

〈2010年度〉

【9月25日（土）・農水ビジネス】

榊浩行（農水省大臣官房参事官）、青山浩子（農業ジャーナリスト）、泥谷光信（株式会社土佐清水元気プロジェクト）、長野進（JAれいほく米粉ビジネス推進リーダー）、進行／村瀬儀祐（高知工科大学マネジメント学部教授）

【10月3日（日）・観光ビジネス】

笹森秀樹（観光庁観光地域振興課長）、濱田竜也（濱田企画事務所長）、ペマ・ギャルポ（ブータン王国首相顧問）、ロギール・アウテンボーガルト（土佐和紙工芸家）、進行／平野真（高知工科大学マネジメント学部教授）

【10月10日（月祝）・中山間およびスモールビジネス】

浦田啓充（内閣官房地域活性化統合事務局参事官）、野田耕一（経済産業省立地環境整備課長）、松本憲治（高知県安芸市長）、中嶋聞多（法政大学教授）、山本吾一（兼松エンジニアリング会長）、進行／那須清吾（高知工科大学マネジメント学部教授）

〈2011年度〉

【9月23日（金祝）・農業ビジネス】

木内岳志（農林水産省大臣官房参事官）、見元一夫（見元園芸社長）、川村幸男（犬小屋工房k社長）、森下由朗（フードプラン社長）、進行／村瀬儀祐（高知工科大学マネジメント学部教授）

【10月2日（日）・観光ビジネス】

七條牧生（観光庁観光地域振興課長）、畠中洋行（NPO高知市民会議事務局長）、畠中智子（高知のまちづくりを考える会代表）、進行／平野真（高知工科大学マネジメント学部教授）

【10月10日（月祝）・中山間ビジネスおよびスモールビジネス】

浦田啓充（内閣官房地域活性化統合事務局参事官）、中村吉明（経産省立地環境整備課長）、池田洋光（中土佐町長）、太田清澄（札幌学院大学大学院地域社会マネジ

メント研究科教授)、岡内啓明（株式会社丸三代表取締役会長)、進行／那須清吾（高知工科大学マネジメント学部教授)

〈2012 年度〉

【9 月 22 日（土)・観光ビジネス】

七條牧生（観光庁観光地域振興課長)、東谷望史（馬路村農業協同組合代表理事組合長)、柚洞一央（室戸ジオパーク推進協議会)、山脇深（高知県観光政策課長)、進行／冨澤治（高知工科大学マネジメント学部教授)

【9 月 29 日（土)・農業ビジネス】

木内岳志（農林水産省大臣官房参事官)、楠元武久（株式会社船井総合研究所チーフ経営コンサルタント)、大原一郎（フードコーディネーター)、長崎雅代（ファーム・ベジコ代表)、林篤志（土佐山アカデミープロデューサー)、進行／桂信太郎（高知工科大学マネジメント学部准教授)

【10 月 6 日（土)・中山間ビジネスおよびスモールビジネス】

宇野善昌（内閣官房地域活性化統合事務局参事官)、中村吉明（経済産業省地域産業グループ立地環境整備課長)、木村祐二（土佐経済同友会代表幹事／株式会社ノーベル社長)、上原邦弘（水産計画代表者／ NPO 高知の食を考える会理事)、横山公大（観光と食イベント委員長／土佐御苑専務)、進行／末包厚喜（高知工科大学マネジメント学部教授)

〈地域活性化システム論Ⅱでの外部講師〉

2009 年度：西山武（土佐打刃物協会理事長)、2010 年度：鎌倉昭浩（高知県観光政策課長)、2011 年度：川島昭代司（企画・ど久礼もん企業組合代表)、2012 年度：森下由朗（フードプラン社長)

〈2013 年度〉

【10 月 27 日（日)・観光ビジネス】

石原武政（流通科学大学教授／大阪市立大学名誉教授)、古川康造（高松丸亀町商店街振興組合理事長)、鈴木貴典（国土交通省四国運輸局企画観光部長)、森健志郎（高知県立龍馬記念館長)、進行／末包厚喜（高知工科大学マネジメント学部教授)

【11 月 10 日（日)・農業ビジネス】

中田大介（農林水産省大臣官房参事官)、オリバー・ビリングズリー（農業生産法人「ロカヴォ」所属)、下元秀俊（雲の上ガーデン代表取締役)、松﨑了三（高知工科大学特任教授／田舎まるごと販売研究家)、渡邊高志（高知工科大学地域連携機構教授)、進行／中川善典（高知工科大学マネジメント学部准教授）

【11月24日（日）・中山間ビジネスおよびスモールビジネス】

宇野善昌（内閣官房地域活性化統合事務局参事官)、橋本智之（経済産業省四国経済産業局地域経済部長)、藤本隆宏（東京大学大学院教授／組織学会会長)、上治堂司（馬路村長)、原陽一郎（元東レ経営研究所社長／長岡大学学長／研究・イノベーション学会会長)、進行／桂信太郎（高知工科大学マネジメント学部准教授）

〈2014年度〉

【10月26日（日）・農業ビジネス】

宇野善昌（内閣官房地域活性化統合事務局参事官)、中田大介（農林水産省大臣官房参事官)、藤本厚子（アツコプラニング代表取締役社長)、竹﨑修央（農業生産法人バイオマスファーム高知代表)、多湖孝文（VNGK代表取締役／ベトナムハティン省大使)、進行／馬渕泰（高知工科大学マネジメント学部講師）

【11月9日（日）観光ビジネス】

小幡章博（国土交通省四国運輸局企画観光部長)、スパット・サグワンディークル（タイ国政府貿易センター大阪所長)、角本伸晃（椙山女学園大学現代マネジメント学部長・教授)、上治堂司（馬路村長)、三木公仁（神姫バス株式会社事業戦略課長)、進行／園弘子（高知工科大学マネジメント学部准教授）

【12月14日（日）中山間ビジネスおよびスモールビジネス】

藤澤清隆（経済産業省四国経産局産業部長)、藤﨑壽久（高知県信用保証協会常務理事)、斉藤俊幸（株式会社イング総合計画代表取締役社長)、原田誠司（長岡大学副学長・教授／川崎市産業振興財団理事長)、片山弘紀（ミロクテクノウッド株式会社代表取締役社長)、古屋紀人（ミズーリ大学客員教授／IGBネットワーク代表取締役社長)、進行／桂信太郎（高知工科大学マネジメント学部准教授）

〈2015年度〉

【10月4日（日）農業ビジネス】

塩見英之（内閣府地方創生推進室参事官)、岡林俊宏（高知県農業振興部産地・流通支援課企画監)、柳孝一（多摩大学名誉教授／前・日本ベンチャー学会副会長)、

小渕昌夫（株式会社エイピーベッカー社長／元・理想科学工業株式会社専務取締役)、大利賀臣（株式会社エスイージー社長／前・高知県産業振興センター理事長)、進行／馬渕泰（高知工科大学経済・マネジメント学群講師）

【10 月 12 日（月・祝）観光・サービス産業の活性化】

井上浩之（高知県観光振興部副部長)、藤本隆宏（東京大学大学院経済学研究科教授)、宮脇修（株式会社海洋堂代表取締役会長)、村上健太郎（砂浜美術館理事長)、廣瀬文乃（一橋大学大学院国際企業戦略研究科特任講師)、藤本幸太郎（株式会社城西館取締役)、進行／桂信太郎（高知工科大学経済・マネジメント学群准教授）

【11 月 15 日（日）地域産業の活性化】

細谷祐二（経済産業省地域経済産業グループ地域政策研究官)、松本和明（長岡大学経済経営学部教授)、四宮俊之（弘前大学名誉教授)、溝渕泰司（ニッポン高度紙工業株式会社執行役員経営企画室長)、森澤正博（高知県製紙工業会理事長／三昭紙業株式会社代表取締役社長)、進行／桂信太郎（高知工科大学経済・マネジメント学群准教授）

〈2016 年度〉

【10 月 2 日（日）観光ビジネス】

土肥豊（内閣府地方創生推進室参事官)、吉村大（高知県観光振興部副部長)、岡本義行（法政大学大学院政策創造研究科教授)、阿部かすみ（スイス政府観光局日本支局長)、西原里実（大阪学院大学経営学部准教授)、山本良喜（はりまや橋商店街振興組合理事長)、進行／桂信太郎（高知工科大学経済・マネジメント学群教授）

【10 月 10 日（月・祝）農業ビジネス】

岡林俊宏（高知県農業振興部産地・流通支援課企画監)、斎藤俊幸（株式会社イング総合計画代表取締役社長)、大泉一貫（宮城大学名誉教授／元副学長)、藤川豊文（ばうむ合同会社代表)、山本明紀（ニラ農家の嫁たまにモノ書き)、進行／馬渕泰（高知工科大学経済・マネジメント学群講師）

【10 月 23 日（日）中山間ビジネスおよびスモールビジネス】

黒川陽一郎（経済産業省四国経済産業局総務企画部長)、福島路（東北大学大学院経済学研究科教授／日本ベンチャー学会副会長)、山倉健嗣（大妻女子大学教授／横浜国立大学名誉教授)、岡田勝利（廣瀬製紙株式会社代表取締役社長)、大谷聡（日

本銀行高知支店長)、進行／桂信太郎（高知工科大学経済・マネジメント学群教授)

〈2017年度〉

【10月22日（日）中山間ビジネス】

鈴木史朗（内閣府地方創生推進室参事官)、斎藤俊幸（株式会社イング総合計画代表取締役社長)、大南信也（NPOグリーンバレー理事長)、公文寛伸（土佐塩の道保存会会長)、近藤かおり（土佐塩の道保存会事務局)、刈谷貴泉（株式会社四万十ドラマ事業課長)、大﨑和幸（高知県中山間地域対策課長)、進行／馬渕泰（高知工科大学経済・マネジメント学群講師)

【10月29日（日）観光ビジネス】

佐賀浩（日本政策投資銀行福岡支店次長)、平田透（金沢大学名誉教授)、中澤慎二（高知市副市長)、加藤康人（タイムオクトーバー代表取締役社長)、林大地（ホテル星羅四万十支配人)、進行／桂信太郎（高知工科大学経済・マネジメント学群教授)

【11月12日（日）農業ビジネスおよびスモールビジネス】

作田竜一（農林水産省大臣官房研究調整官)、鈴木信貴（長岡技術科学大学准教授)、楠元武久（船井総合研究所チーフ経営コンサルタント)、平野隆之（日印ビジネス支援協会代表)、岡林富士男（株式会社岡林農園代表取締役社長)、進行／桂信太郎（高知工科大学経済・マネジメント学群教授)

〈2018年度〉

【10月7日（日）中山間ビジネス】

鈴木史朗（内閣府地方創生推進室参事官)、斎藤俊幸（株式会社イング総合計画代表取締役社長)、刈谷貴泉（株式会社四万十ドラマ事業課長)、浦島卓也（四万十町地域おこし協力隊)、馬渕泰（高知工科大学経済・マネジメント学群講師)、進行／馬渕泰（高知工科大学経済・マネジメント学群講師)

【10月14日（日）観光ビジネス】

内田純一（小樽商科大学大学院ビジネススクール教授)、尾下一次（高知県観光振興部副部長)、矢嶋敏朗（日本旅行業協会広報室長)、橋本泰博（日本政策投資銀行四国支店企画調査課長)、佐々木良典（株式会社スノーピークおち仁淀川キャンプフィールド店長)、村上健太郎（NPO法人砂浜美術館理事長)、小松俊樹（長岡大

学経済経営学部教授／中小企業診断士)、進行／桂信太郎（高知工科大学経済・マネジメント学群教授）

【10 月 28 日（日）農業ビジネスおよびスモールビジネス】

網澤幹夫（農林水産省大臣官房研究調整官)、八幡一秀（中央大学大学院経済学研究科教授)、岸保行（新潟大学経済学部准教授)、楠元武久（株式会社船井総合研究所チーフ経営コンサルタント)、竹村昭彦（高知県酒造組合理事長／司牡丹酒造代表取締役社長)、進行／桂信太郎（高知工科大学経済・マネジメント学群教授）

〈2019 年度〉

【10 月 14 日（月・祝）中山間ビジネス】

川﨑博（内閣府地方創生推進事務局参事官)、斎藤俊幸（株式会社イング総合計画代表取締役社長)、森田晃喜（四万十森林管理署梼原森林事務所森林官)、刈谷貴泉（株式会社四万十ドラマ事業課長)、居長原信子（株式会社十和おかみさん市代表取締役)、進行／馬渕泰（高知工科大学経済・マネジメント学群講師）

【10 月 26 日（土）観光ビジネス】

畠中秀人（前観光庁観光地域振興課長／名古屋高速道路公社副理事長)、中嶋聞多（信州大学特任教授／地域活性学会会長)、村上健太郎（特定非営利活動法人砂浜美術館理事長)、吉冨慎作（特定非営利活動法人土佐山アカデミー事務局長)、上総毬椰（こうち食べる通信副編集長)、西原里実（大阪学院大学経営学部専任講師)、進行／桂信太郎（高知工科大学経済・マネジメント学群教授）

【11 月 2 日（土）農業ビジネスおよびスモールビジネス】

網澤幹夫（農林水産省大臣官房参事官)、佐々倉玲於（一般社団法人いなかパイプ代表理事)、村瀬博昭（奈良県立大学地域創造学部准教授)、楠元武久（株式会社船井総合研究所チーフ経営コンサルタント)、安岡千春（特定非営利活動法人わのわ会代表)、岸本憲明（株式会社ビバ沢渡代表取締役社長)、進行／桂信太郎（高知工科大学経済・マネジメント学群教授）

第 2 節　地域活性学のあり方

地域活性化はどのように実現できるのであろうか。事業創造や事業活性化、地域の場の活性化、関連する教育や人間の活性化など、地域活性化にはさまざまな側面がある。このような地域活性化を実現しているのは、地域の場において実践している実務者の方々である。

しかしながら地域活性学はいまだ確立されていない学問である。今日、地域活性学が必要とされているとするならば、それはこれらの実務者がまさに地域活性化を実践するための理論的基礎として学べ、あるいは、実践のために参考となる知であると考えられる。学術という分野においてはさまざまな段階があり、一般には基礎理論、応用理論、実践理論などであるが、地域活性学はどの段階であろうか。

今日、地域活性学は、地域の活性化のために必要な学問体系であるといえる。地域におけるさまざまな課題、あるいは、活性化に関わる成功や失敗がどのようなメカニズムで起きているのか、さまざまな学術的理論を駆使することによって論理的に解明する学問であると考える。それぞれの現象や課題は非常に複雑であり、多様な側面を有している。したがって、ただ1つの学問によりある一側面を説明し、突き詰めることも重要であるが、多様な学問を統合している地域活性学のように、全体の現象や課題を説明し理論として論ずることが大切であると考える。

地域活性学とは、いままでの学問をどのように実際の現象や課題に適用するのかといった学問と実務とを繋ぐ研究であり、また複数の学問をどのように繋ぐかといった研究でもある。現実と理論を繋ぐ研究の重要性は、研究成果である理論構造を用いることで、実際の現象を再現することができ、あるいは、課題解決のための方法・政策を構築できることである。優秀な経営者や政策立案者が優れた経営や政策を実現する能力は時として直観的であるが、それは究極の経験に基づく論理統合であるといえる。そこには、基礎理論の応用や統合、付加的理論の創造、および、論理の詳細化がある。

実際の事業創造などにおける地域活性化は、それぞれが具体的であり詳細な場や条件、事業内容とプロセスとがさまざまに存在する。これらを理解する上で経済学、経営学、心理学、行政学などの基礎理論は重要であるが、抽象化された学術理論だけでは、現実の複雑で詳細な成り立ちは説明できないであろう。もちろん、地域活性学にも基礎理論が存在するが、それは多様な学問を応用したかたちとして存在しているのである。つまり、地域活性化を研究する場合、基礎理論を如何に応用するのか、多様な側面を持っている現実を如何に多様な学問を統合して理解するのか、基礎理論では不足している理論とは何であるのか、また、複雑な現実を説明することや課題を解決するためには、基礎理論をどのように発展させ、詳細に分析が求められているのかを研究し、これらを理論化することが重要である。地域活性学を具体化することは、以上のような研究の成果の体系化であり、その方法論の体系化である。なお、実務が中心の地域活性学の研究にはもう１つの分類が存在する。それは一般的には課題発見と整理、課題の論理化、解決策の論理化である。

研究から最も遠いと思われる実務家のアドバンテージは大きい。既存理論では表現されない詳細な部分の経験を有し、暗黙知を理解していて、これを理論化できることである。現実を理論的に理解することは、その側面を表現している表面的な数字や目に見えている現象の裏に存在するメカニズムを理論化することである。地域活性化では数字の裏の真実を読み解く経験が重要である。なぜならば、数字には幾通りもの推論あるいは説明ができるからであり、どれが正解であるのかは数字あるいか統計的な成果だけでは分からないからである。よって、地域活性化研究においては、表面的には表れていないメカニズムを推論して理論化することが重要である。

実務家には政策立案者も含まれる。学術理論は政策立案にとっても重要な論理的基礎を与えるものだからである。また、政策立案者は日々現実問題に直面しており、これを解決するための政策立案はやはり実践であるといえる。そこから、地域で活性化を実践している方々と同様のメカニズムで政策と地域活性化の相互作用を観察し、理論では表現できない詳細な部分の経験を蓄積している。

地域活性学は、現実と理論を繋ぎ、理論を繋ぐことで地域活性化現象の課題や成功事例のメカニズムを解明した知の体系であり、地域の実務者にとっては実践する理論的裏付けであり、政策の実務者にとっては政策立案の理論的裏付けである。いわば、臨床的応用科学であるといえる。

第３節　大学および研究者の役割

地域活性学の役割やあり方については前述したとおりである。それでは、大学や研究者は如何なる存在なのかについて述べる。

さまざまな学術分野の研究者が大学には存在しており、それぞれが分野毎で学術理論に精通している理論研究者である。一方で、最近は基礎研究に対して応用する価値を求める傾向がわが国にあり、地域活性化を研究している実務系の大学研究者も求められている。

地域活性学における研究のあり方で述べた通り、地域活性化の推進者は、実務家、政策立案者および大学を中心とする理論研究者である。その研究のためには、地域において実務に精通する実務専門家、政策立案による地域活性化を支援する政策専門家、および、地域活性化を論理的に説明し得る学術の体系化を目指す大学研究者の連携が重要である。この三者が協働し相互補完することで地域活性学が発展し、学術が地域活性化や政策立案を支援できる。大学および研究者の役割の１つは、これら三者の協働を推進して地域活性学を発展させることである。

実務家が有する実務経験を如何に理論化するのか、その理論を如何に政策立案に生かしていくのか、大学研究者はこの仲介者でもある。実務専門家、政策立案者、大学研究者を繋ぎ、同時に地域における活性化推進の役割も担い、学術理論を言語とする通訳の役割も果たす。高知工科大学における地域活性化システム論もこの三者の参画により成立している。

大学は地域活性化の知の拠点としての側面があり、研究成果に基づく地域活性化ビジョンの提示および推進の一端を担っている。これは、地方においてより重要性が高い。また、全国各地における事業創造や産業クラスター創造において大学が貢献している。多くの場合、大学が保有する知や技術を経営資源として経営学を中心に産業を創造するものである。

今後、地域活性学が発展し体系化されることで、大学が知の拠点として更に現在の役割を展開し、地域活性化を先導することが期待される。

第 4 節　地方の社会経済構造と形成

1. 地域活性化を考えるポイント

地方でビジネスを成功させるにはどうすればよいだろうか。内閣府では、地域活性化を担う上で知の拠点としての大学の存在は重要であると認識しており、高知県においては高知工科大学がその拠点として活動することとなった。2008 年度より内閣府と連携して「地域活性化システム論」（公開講座）を開講している。この公開講座は、①地方における地域再生を考える担い手マインドを育成する、および、②具体的な地域活性化を考えるための専門知識の取得とビジネスモデルの具体的構築を考える企画者を育成する、という 2 つの目的をもつ講座である。講座の内容は、中央省庁の地域活性化に関わる政府方針・政策・支援策に関する講座と、地域再生企画者による講義や、同大学マネジメント学部教員による講義（県内資源の概要と分析、マーケティング、顧客開拓、SCM、企業会計、原価管理、戦略、人的資源の組織化）、そしてグループワークという構成である。学生はもとより自治体、企業、NPO 法人関係者、一般県民が多数受講している。地方にある経営資源（高知県であれば、自然＝森林や植物などのバイオマス、文化、人材、情報など）に対してどのように地域における事業創造を実現するのか、どのように地域を活性化すればいいのか、戦略を立案し目的を達成していくにはどうすればよいのかを議論している。具体的に高知県の事例を考えると、県外からの収入の獲得や県内企業の活性化、ビジネスの創造、企業誘致とその後の対応の在り方、地域の活力の維持・発展などが考えられる。そのような意味で、地域をマネジメントすることは非常に重要であり、公開講座では教育や研究、場合によってはビジネス形成の支援をしている。

地域活性化を考える上で重要なポイントがいくつかある。地方には特有の資源があり、人材がいる。その他にも、過去の歴史の中で育んだ地域産業を支えている港湾や鉄道、高速道路の産業基盤（＝インフラ）がある。その上で産業が成立している。また、産業クラスターの考え方は非常に重要である。クラスターとは、ぶどうの房という意味である。ぶどうの房は、1つずつ実がなっているのではなく、太い枝で分かれて繋がっている。繋がることにより産業が発展するが、これをどのように形成していくかが重要である。

ビジネスの形態は多様である。例えば、徳島県上勝町の“いろどり”事業は、天然の葉っぱを料亭などに売るビジネスである。小規模ビジネスを少しずつ発展させていくビジネススタイルもあれば、クラスターを形成しながらビジネス全体を拡大するもの、大まかにはこの2つのタイプがあるといえる。前者は比較的小規模なビジネスになるが、規模を伴った産業振興を目指すのであれば、後者の方法が良い。

地域活性化の目的は何だろうか。「家族や自分が住んでいる地域で幸せに暮らしたい」と願う人が多いかもしれない。そのためには、相応の収入が得られ、やり甲斐のある仕事で生活できるようにしなければならない。お金や幸せは多い方がよい、ということになるかもしれない。東京は東京の幸せ、高知は高知の幸せ、沖縄、北海道にもそれぞれの幸せがあり、地方によってさまざまである。このことを踏まえて幸せを考える必要があるだろう。地方に在住する人たちは「生活を支える仕事を得て、地元に住みたい。故郷を誇りに思いたい。そして豊かな生活環境を享受したい」という思いが強いのではないだろうか。このような思いを踏まえて、地方の在り方について考えることは非常に重要である。すでに成熟した経済構造や市場を有する都市部とは違い、地方において新たな産業を形成するためには、市場そのものから形成する必要がある。経済、社会、生活、環境を一体でマネジメントしなければならない。市場規模の大きい都市部であれば、ミクロな取り組みや一企業の取り組みが経済社会全体の中で機能することもできるが、地方ではすべてを考える必要がある。ポーターは、地域の強い需要と地域資源、技術や伝統などの強みを活かすことで強固な産業クラスターが形成されるといっている。しかし、そこには市場があり、技術や伝統などの何らかの強みが存在するからである。事業者が競争して生き残ることで繋がり、産業クラスターを形成するからである。地方においてこの論理を適応することには、市場の弱さや限定的な強みなど限界がある。資本や信用のある大企業が存在しないのでリスクを取ることも困難である。したがって、このような環境条件を克服する産業政策が必要であり、地方自治体の役割は重要となる。しかし、地域活性化の論理体系は確立されておらず、地方自治体における産業振興の取り組みは成功しているとは言い難い。また、国の政策も地域構造を十分に理解したものであるとは言い難い。日本全体の人口は2006年をピークに減少している。例えば、高知県は全国平均に比べて10年先んじて少子高齢化が進行しており、現在の高齢者の割合は県人口の25％を超えている。2020年には30％超との予測もあるが、早晩、日本全体の問題になる。高知県のような地方の取り組みは試行錯誤の段階であるが、高齢化しつつある地域において成功した事例を分析することで、将来の日本が見えてくると考える。地方が地域資源を有効活用してビジネスを創造する過程においては、人材活用が重要な要素となる。高齢者を活用する「いろどり事業」がその典型的な事例であろう。

このような地元における有効活用と人材の活用が日本全体にも求められている。日本らしさであり、日本経済を長年支えてきたのは、高齢者の方々である。今日、日本は、諸外国が日本らしさを需要したいと考えていることに対して十分に応えていない。つまり、日本らしさという貴重な資源を十分に活用していない。高齢者に対しても同様である。

2. 地域活性化の課題構造

人々は、収入がなければ、そこへは住めない。住めない地域の人口は減ることになる。逆に仕事があれば、人が住み、社会ができ、子供ができ、学校ができ、生活が営まれる。生活することにより、そこに必要な公共が生まれる。地方の構造は産業（多くが農林水産業）の経済基盤と、住民が支える生活環境、公共財が完全にリンクしている。つまり、産業振興や事業形成により働く場所が確保され、地域社会や公共施設、森林や農地を維持する定住者と経済力を生むことで、地域が活性化し地域への誇りが生まれる。地域活性化は、すべての社会的要素が一体となって成立する構造となっている。経済、社会、生活を統合的に活性化させる必要がある。例えば、中山間で小さなビジネスを始める

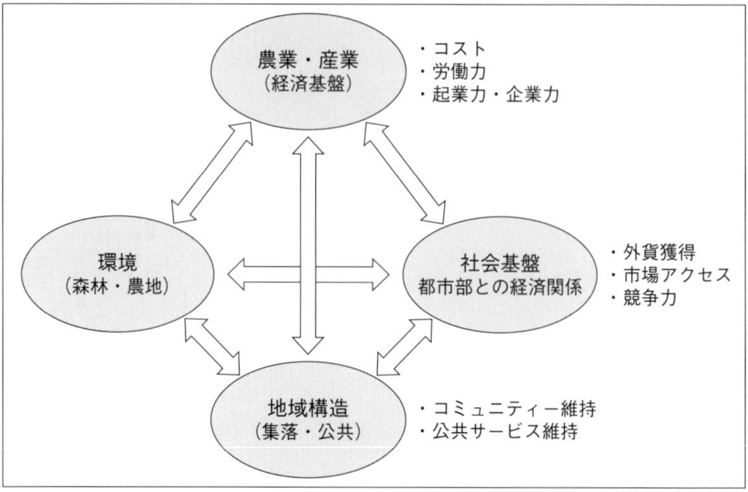

図 1-3　地域では経済・生活・公共が一体

出所：那須清吾　作成。

と、十分に地域を維持する力になる。十数人が働くような小さな事業所でも、そこで人が働き、収入を得て、子供のいる生活の場をつくることができる（**図 1-3**）。

3. 歴史的背景と地方の現状

日本の高度経済成長期の 1960 年代における平均名目成長率は約 17 %で、最高 22.1 %であった。1973 年のオイルショック時の GDP 成長率は 23 %を記録していた。日本はこの時代に驚異的な成長を遂げた。オイルショック以降、新幹線は東京から岡山まで、高速道路は東京から大阪まで繋がった。1990 年代の西日本は中国自動車道のみの整備状態であったが、東日本はすでに東京を中心に放射状の高速道路や新幹線が完成していた。高速道路は青森県まで伸びている。オイルショック後、加工組立型産業（自動車や家電製品、コンピューター）が発達し始めた頃に、高速道路の恩恵で東日本に多くの先端産業が立地した一方、西日本はあまり発達しなかった。青森県、秋田県、岩手県における先端産業の立地件数は、四国の 4 倍以上であり、そこに産業クラスターが形成された。産業クラスターへ工場が進出する、あるいはすでにある工場へ仕事を回してくれるシステムがある。

例えば、高知県は戦後の高度経済成長時代に産業立地政策において取り残され、新産業都市の対象からも外れてきた。1980 年代以降の産業の高速道路立地からも取り残された。したがって、従来型産業や加工組立型産業が共に立地していない。また、高知県内の 85 %が森林であり、農業用地も過去 30 年間で 3 割減少している。利活用が可能な資源は、農業生産物や森林資源、自然環境が中心である。また、有効求人倍率はおおむね 0.5 で推移しており、完全失業率も全国最高水準である。県内の金融機能やビジネスシーズに対する目利き機能は弱く、各自治体は、地域資源による経営モデルを企画できる人材を求めている。

もう 1 つ構造的な問題は県際収支（県内生産額の移輸出額と移輸入額との差）である。例えば、高知県において、工業製品など付加価値の高いものはすべて赤字で、製材やパルプ、窯業や土石製品が黒字である。これをすべて集計すると、約 6,000 億円のマイナスになる。つまり、年間約 6,000 億円の資金が県外へ流出しているともいえる。これは高知県を 80 万人とすると、県民一人当たり約 75 万円のカネを県外（特に東京や大阪などの都市部）へ支払わなければならない状態である。

多くの地方では、企業誘致が行われている。企業誘致には 2 タイプある。地域にとって不利なタイプの企業誘致は、大資本が進出して希少な資源（例えば、高知県であれば上質な石灰石など）を採掘し、そのまま県外に出すものである。つまり、全く付加価値を付けないレアな資源（材料のみ）を全国へ出荷するのである。地方ではこのタイプの企業誘致が多い。一方で、地域にとって有利な企業誘致は、資源を地域内に持って来てくれて加工し、売ってくれるものである。地域にとっては「地場産業化」が最も良い。地元に企業があると、地元へ材料を持ってきてくれて都市部で売れるからだ。税金が地元へ落ちるということにもなる。自治体は企業誘致をする際に、それが地域にとって良いタイプなのか悪いタイプなのかを考える必要があるだろう。

企業誘致で多少の雇用は確保されても、資源をそのまま持ち出されてしまう状態では地域にとってマイナスになるケースもある。企業誘致は、やり方次第で付加価値を付けて県内で波及効果をつくり、外部から資金導入できるチャンスにもなりうる（**図1-4**）。

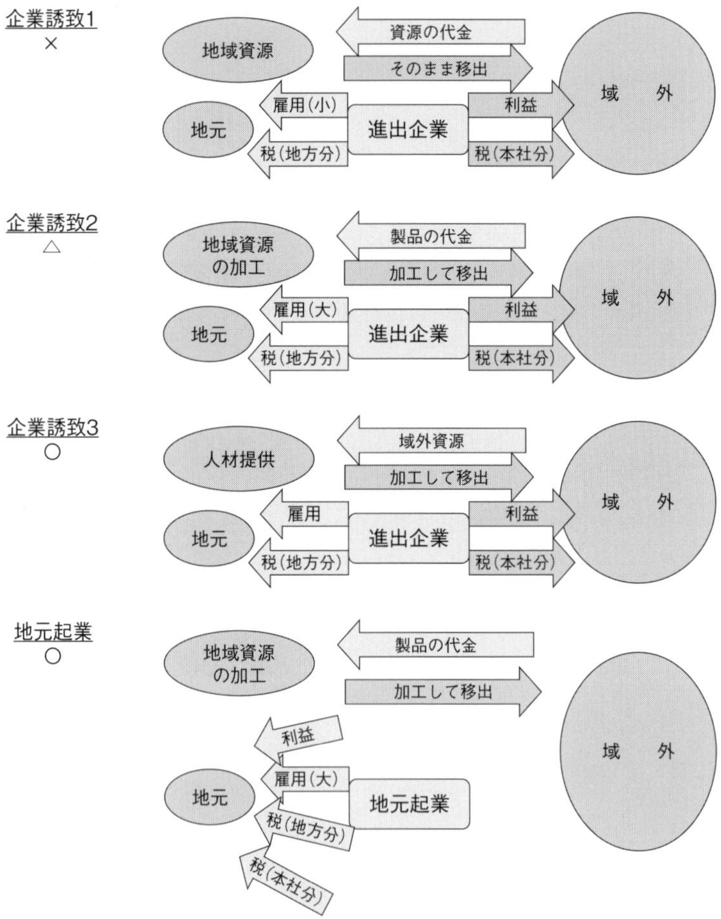

図1-4　企業誘致と地元起業の違い

出所：那須清吾　作成。

4. 地方の可能性を考える

中山間地域において、小さなビジネスを創業して事業化すると大きな経済効果があるのである。例えば、高知県中土佐町、町長の池田洋光の前職は、ある企業の総務部長であった。町長は企業誘致に長けており、山間部の集落に、十数人が働ける小さな事業所を作った。そこでは、トレーラーが進入できる程度の道路がなく問題となっていた。車同士の対面でのすれ違いができなくても良いので、トレーラーが通ることのできる道路をつくると企業が誘致できる可能性が高くなると考えた。道路ができると農産物の輸送や時間コスト、品質の向上、収入の増加等のさまざまな面で安定供給が可能となる。ビジネスが成立すれば雇用が増え、定住者が増える。集落や森林関係、公共施設も維持される。医療では医院や介護サービスの集中、あるいは光ケーブルを利用してサービスの向上やコスト削減が図れる。そして何より自治体が維持される。定住者の集落が維持されると観光も維持されるであろう。観光とは「地方が光っている」という意味であるという。地方が光るということは観光収入も増え、何よりも流出した人口が帰ってくることがあると考えることができる。

経済基盤、生活、公共の関連性については、具体的に中山間の自治体で議論する必要がある。例えば、中土佐町では、一定レベルでこれに成功しており、各集落の小さな事業所に十数人ずつが働き、そこへ人が住み、子供がいて学校が維持されている。秋の運動会には、小学生 16 人に対し、父兄約 200 人がやって来る。保護者は普段、高知市で働き、休みには中土佐町に帰ってくる人が多い。その地域に誇りを持っているから、休みに帰ってくるのであろう。このような地方においては非常に大事な要素である。

地方の森林資源や農産物などの地域資源には、さらに活用できる余地があると思われる。しかしながら、活用の仕方に工夫が必要である。宮崎県のマンゴーは 1 個約 2 万円の値段がつくことで有名であるが、このマンゴーの作り方を教えたのは高知県のある農家である。自分たちでは上手くブランド化できなかったものを、宮崎県の農家がブランド化させた。また、森林資源に関しては、バイオマスエネルギーのために木材をチップにしたものやペレットに成形加工したものを上手く使うのが良いであろう。これが上手くいくと、森林保全のために森林に資金が還流するシステムも実現可能である。自然も含めた観光ビジネスや移住ビジネスにも可能性がある。人材確保やアウトソーシングへの受け皿にもなりうる。

葉っぱビジネスなら、当たり前にあるものをビジネス化している。普通ならば働かない高齢者が働いている。馬路村のゆずビジネスも同様である。上手くブランドを形成し今日では、年商は約35億円である。村全体をブランド化する高付加価値戦略をとっている。ただし、一定レベルのビジネス成功までに約30年の年月を要したという。最初は失敗を繰り返しており、とても苦労しているようである。観光ビジネスでは大分県の温泉ビジネスが有名である。観光客の半分は韓国からの来訪者であり、以前は、大分県職員の韓国行きに対して補助金を出して支援していた。そのような地道な観光交流の努力の成果かもしれない。温泉や観光地を繋いだだけに見えるかもしれないが、ネットワークを作り、バスの主流ルートを作っている。それを旅行会社と韓国側へと売り込んでいった。大変な苦労をしていると思うが、普通にある地域資源を活用したアイデアである。

また、別の事例で兵庫県小野市の「長寿の郷」がある。厚生労働省が支援しているが、三世代同居型の村を作ることで地方を活性化しようというものである。都市部に住む高齢者を地方へ呼び込み、移住を促進している。近所にたくさんある幼稚園や小学校へ遊びに行き、そこで都市部から移り住んできた高齢者と交流する。移住して三世代で高齢者を世話したい、こうした仕事をしたいという人々が、東京などの都市部から来て一緒に暮らしていく。これが、三世代同居型である。子どもたちは老人といろいろな勉強ができ、老人は活性化する。また、支援している若い人は、収入は多くなくてもよいから、地方で自分の好きなことをして生きていきたいという人が多い。このような人たちは収入が多くなくても、地方で老人の世話をしながら暮らすというスタイルもあるのではないかと思われる。また、過疎地ではないが、1万2,000戸の人口3万人程の小さな市では、過疎債や補助金などで上手く資金調達し、すべての家に直結で光ファイバーを引いた事例もある。ウルグアイラウンド（貿易の国際交渉）

対策の時に農林水産省からの補助金などを活用したのである。すると、住民がビジネスを考え始め出した。また介護サービスも上手く回すことができたのである。例えば、行政サービスは家からリモコンでできるようになり、電話も域内ではかけ放題になる。地方においては、自身のブランドイメージに対して鈍感であると感じられることが多いようである。四万十などの名前は、都市部から見れば、高知県というある種のブランドイメージとなっている場合も多い。しかしながら、「高知」そのものがブランドとなる可能性があることを地元の人は気付いていない。まず、地方のイメージを分析する必要があるであろう。

あるとき、ある大学教授の研究室に、東京本社の企業からビジネスが持ち込まれた。地方で精密機械を組み立ててほしいという話である。部品はすべて東京から運び、精密機械を組み立ててくれたら持って帰るという。そこで「御社にとって何のメリットがあるのか」と聞くと「高知ブランドである」と答えた。「高知県で作ることだけにブランドがあるのですか」と聞くと、「これを東京の下町で作りました、という場合と、高知で作りました、という場合では、当然買う人は違ってくる」ということであった。見方によれば、地方でつくったというだけでも、顧客層に違いが出るブランド力を創出できるというのである。

5. 地方におけるビジネス創造とクラスター

地方でビジネスを創造するためには、人材の活かし方や産業クラスターをどのように設計するかを考えることが重要である。産業クラスターは短期間でできるものではないため、どう創造するか成長戦略を考えていくことが必要である。産業クラスターの難しさは、その形成過程にある。産業クラスターを構成する企業等が繋がる過程は、例えば競争環境の中で強みを有する企業が生き残り連携していく都市型ではなく、少ない企業等の組織間を繋いで形成していく地方型であり、市場原理ではなく組織間の良好な関係構築の要素が大きい。また、産業クラスターを形成する上で主導的な役割を果たす強いリーダー企業の存在、および産業クラスターを構成する上での技術・文化や伝統産業などの強みと強い市場ニーズがなければ、これも作り上げていく必要がある。第１次産業を中心とする地方においては、農産物など少しずつ加工や付加価値を上げていくため、息の長い活動が必要である。高知県のブランドイメージに期待して、都市部の精密機械メーカーが加工組立を高知県に依頼してきても、限られた県内の精密機械工場が受けることができなければ、そこから派生してくるクラスターの形成はなくなる。ビジネスチャンスを失うことになる。

産業クラスターに関しては、スモールビジネスや国の産業政策で有名な事例がある。国の産業政策により、港湾や高速道路、新幹線などの社会基盤から国土計画および経済計画、新産業都市形成が企画され、高度経済成長期およびその後の安定成長期に効果が現れる。高度経済成長期に港湾を中心とする重厚長大型産業が立地し、安定成長期に加工組立型産業が立地することになる。これらの産業群には基盤となる技術やノウハウが蓄積され、進化し、集積される。この集積がシーズとなって新たな産業クラスターを形成する基礎となる。

しかし、高知県のように産業政策の対象とならなかった地域には、このような集積は存在しない。よって、既存の第1次産業から徐々に集積を形成していく息の長い取り組みが必要となってくる。比較的短期間で形成できる産業クラスターは、規模が小さく関係組織の少ないスモールビジネスということになる。産業クラスターが弱い環境であることやクラスターがないとなると、地方（高知県だけではなく他県でも）にさまざまな問題が出てくる。1つは企業進出を助けてくれるすそ野がないことである。新しい事業を起こすとなると助けが周りにいないのでビジネスを作りにくい。もう1つは、企業の持つ技術やノウハウ、専門技術や技能を持つ技術者や職人の存在である。これらが、新たに進出してくる企業にとって新たなビジネスや生産を行う拠点形成のための重要なアンカー（地域において拠点が機能するために助けてくれる繋がり）となる。

このため、進出企業としては事業形成するためのパートナーを県外から呼ばなければならなくなる。さらに、地方の産業振興やビジネス事業形成を困難にしている要因は人材環境である。基本的なマーケティングや簿記会計の能力も不足している。すでに赤字であり、破綻しているにも関わらず継続しているような事業もある。ビジネスモデルを考える際に、誰と協力し、どのようにビジネス展開するかという設計を描き、そこまで持っていくことにも困難な問題がある。ビジネスをコーディネートする人材も産学官で不足している。この課題には二面性があるが、いずれも地方部における産学官の人材不足と機能不全に起因するのである。

企業の進出を促進したい場合、進出企業に積極的な動機がなければ、地方部でこれを創造するしかない。地域資源によるビジネス創造に十分な価値創造と利益が見込めなければ、行政などの立場で付加価値を創造できる枠組みを制度的に作り出すしかない。行政にしかできない規制緩和や自然エネルギー購入などの公的付加価値創造や優遇税制による企業コスト低減などが考えられる。このような行政の企画力が問われる。企業が進出した後の行政や地域企業の取り組みも重要である。進出企業にとって地方部での立地は、企業の産業クラスターの一部でしか過ぎず、メリットがなければいつでも撤退することが選択肢として存在する。進出後の企業が定着するか否かは、行政や地域企業がいかに進出企業に価値創造などのメリットがある連携を実現し、産業クラスター化できるかである。一般的に、進出企業との産業クラスター形成に地方部の企画力は乏しい。

付加価値が創造できる可能性のある魅力的な地域資源が地域に存在する場合、地元企業でこれらの資源を活用していかにビジネスを創造するかを考えることも課題である。地域資源が魅力的であればあるほど、地域外から企業が進出してくる動機にもなりうる。しかし、単純な企業進出は、その企業による付加価値創造だけではなく、その地域外への価値の持ち出しを許すことになる。都市部の企業と話していると「私たちの会社は地域の活性化に役立てるために事業をやりたい」というので話をよく聞くと、徐々にビジネスの実態が明らかになる。実際に地方でビジネスをすると、実は利益を都市部へ持って帰る。地方でビジネスが成功すると、そのお金が都市部へ還流する。行政や地域企業の経営戦略が問われる。技術力や資本力など必要に応じて域外企業を利活用することも重要であるが、まずは、域外企業と地域企業の連携による産業クラスター化が地域に利益がとどまる型で形成される必要がある。

産業クラスターを地域内外の連携で実現する方法もある。東京に住む幸せと地方に住む幸せに違いがあるだろうか。例えば、高知は東京に比べて年収が半分以下というデータがある。しかし、高知は東京に比べて通勤が楽であり、家（家賃）が安く、自然があって、食べ物が安くて美味しい。こうした尺度をつくれないものだろうかと思う。

地方の幸福を考えるなかで、環境や二酸化炭素削減（気候変動や地球温暖化に対する緩和策としての価値化）も利用できる。高知県は84％が森林なので、二酸化炭素をたくさん吸っている。間接的に東京の二酸化炭素も吸収してくれているのではないか。国内だけの排出権取引を導入するのもよい。東京と地方とを公平に配分する方法を考えることも必要である。さまざまな環境に関係する資源を活用する可能性もある。このような価値の連携により都市部と地方部が協働による価値創造を行うこともできる。

また、その分配の仕組みも創造できる。地方でビジネスをする時に難しいのは産業クラスターの安定性であり、またそれが地域の安定性に依存していることである。地域の利害関係者たちと上手に連携し、維持できないとシステムが働かないであろう。地域の人は皆、既存の利害関係を持っている。これを変えようとすると人間関係を失ってしまう。信頼関係を失ってしまった人たちに協力してもらうことは至難の技である。一方で、この利害関係者が適切な利益を確保して、連携していくことが産業クラスターの安定性に繋がる。地域の利害関係者との安定的な関係を保つ上で非常に大事である。都市部と地方部の違いはここにある。産業クラスターが存在する都市部では、これを構成する企業が、進出企業あるいは起業家を産業クラスターに組み込む努力をする。自企業にもメリットがあるからである。しかし、産業クラスターが存在しない地方では、周りに助けてくれる人がいない。協力者がいなければビジネスが生まれない。都市部と地方部で同じビジネスモデルを描いたとしても、これを実現するプロセスは全く違う。

産業クラスターの形成には、ある程度の事業規模が必要である。これは市場や需要がないところにビジネスを創造する際には特に重要である。起業家（供給者）が生産物やサービスを供給する際に、十分な顧客（需要者）がなければビジネスは成り立たない。過去の地方自治体のケースをみると、供給者だけをつくり、需要者はつくらないものも多いようである。また供給も需要もあるが、両方ともが小さすぎてビジネスとして成立せず、そのまま潰れていくこともある。一定規模の需要と供給があって、産業クラスターが自立する。地方における規模を伴うビジネスには、この点が重要である。

以上のような課題を有する地方部では、大学の役割が都市部とは大きく異なる。国が地方部の大学に「知の拠点」として機能することを期待する理由もここにある。地方では、一定の規模を有するビジネス創造や産業クラスター形成を企画する主体が存在しない場合が多い。大学が、ビジネスを理解する存在として、ビジネス創造や産業クラスターを提案できる存在として機能することが望ましいと考える。また、実際に大学発ベンチャーのような起業家として機能することも期待される。

第５節　地域活性研究の現状と課題

1. ベンチャー企業論から地域活性研究まで

①ベンチャー企業論

日本では、企業成長の準備期と創出期の経営理論が重要であるという問題意識のもとに、1970年代からベンチャー企業論が論じられてきた。

(1)　中村秀一郎（1964）『中堅企業論』東洋経済新報社。実証分析から中堅企業の定義を行っている。「大企業にはなっていないが、中小企業の枠を超えて発展している第三の企業グループ」[(1)]と中堅企業を定義し、「我が国の産業構造の中に定着して今後も存続・発展するだろう」[(2)]と展望している。また、その後1970年末から、清成忠男、平尾光司の３名が、これらの特徴付けを行い、これがベンチャー・ビジネス論（ベンチャー企業論）の起点となった[(3)]。

(2)　清成忠男（1970a）「零細企業激増は逆行現象か」『経済評論』1970年３月号。清成忠男（1970b）「アメリカにおける新型中小企業の展開」国民金融公庫総合研究所編『国民金融公庫調査月報』1970年９月号。中村秀一郎の中堅企業論の考えがさらに拡大し、新しい中小企業論の必要性を示す。

(3)　佃近雄（通産省中小企業庁調査課長）が「ベンチャービジネス」を命名。パイオニア・ベンチャーグループ編『黎明期のベンチャービジネス運動：日本におけるその思想と広がり』によれば、ボストン大学のセミナー報告で佃が造語したものを、清成と中村が経済的概念として「ベンチャービジネス」という言葉を使っていったという[(4)]。アメリカにはこの用語はなかった。

(4)　中村秀一郎、清成忠男、平尾光司（1971）『ベンチャービジネス－頭脳を売る小さな大企業』日本経済新聞社。ベンチャービジネスとは「知識集約的なイノベーターとしての中小企業、スタートしたばかりの小さな企業」。

(5)　日本ベンチャービジネス協会（1974）「ベンチャービジネスの理念」。ベンチャービジネスとは「ある種の危険と困難を引き受けようとする革新的な企業」、「革新は、競技の技術革新に限らず経営のすべての局面における何らかの創造を含み、そうした創造を他に先駆けてビジネスとして展開すること」[(5)]。

日本には3回のベンチャー・ブーム（1970～1973年、1982～1986年、1995年～）があったとされるが、第1次ベンチャー・ブーム（1970～1973年）に、日本のベンチャー起業とその制度化の問題点・課題が集約されている。2002（平成14）年からの長期の景気回復（グローバル経済下での新興諸国経済の成長＝新市場拡大に牽引された回復）の過程で、ベンチャー起業の波（第3次ベンチャー・ブーム）は終焉している[(6)]。

こうした研究の流れを受けて、柳孝一は著書『ベンチャー経営論：創造的破壊と矛盾のマネジメント』（日本経済新聞社，2004年）の中で、以下の点を指摘している[(7)]。

(1)　シュンペーター後の理論展開は、経営学の基礎を築いたテイラー

（Taylor, F. W.）の『科学的管理法の原理』（1911）、ファヨール（Fayol, J. H.）の『産業ならびに一般の管理』（1916）以前は、経営は経営者の直感や経験の問題であるとして、科学的認識の対象とされていなかった[8]こと。

⑵　経営学の出発点は、既存企業のマネジメントであり、ベンチャー経営論が必要であること。

⑶　準備期を含む「創出論」と、生まれたあとにいかに短期的に発展させるかという企業成長理論の２つが必要であること。

⑷　海外でも、ベンチャー企業を意識していないが、スターバックやグレイナーらが企業成長理論を提唱していること[9]。柳によれば「スターバックの組織の成長段階モデルは、細胞分裂モデル（組織を、連続的に規模を拡大する過程として捉える）、変容モデル（組織を、生成、成長、成熟など数段階の不連続な異質変化として捉える）、鬼火モデル（未利用の用役を活用しようとする経営者の燃え盛る投資意欲を「鬼火」と捉え、経営者の能力が組織成長の原動力であるとする）、意思決定過程モデル（組織の意思決定モデルを基にして、企業行動の変化を捉える）としており、鬼火モデルがベンチャー企業に最も適合である」[10]という。

⑸　同様にグレイナーの成長５段階モデルについても、組織発展のモデルには５つの主要次元があるといい「組織の年齢、組織の規模、進化の諸段階、革命の諸段階、産業の成長率である」[11]という。また、組織発展のモデルの５段階は、①創造性、②指揮、③委譲、④調整、⑤協働であるという[12]。

こうしたベンチャー企業論の議論は、われわれの問題意識に近似しているが、例えば東京経済圏などの都市部の大市場にきわめて近く、ビジネス圏内での経営資源も豊富で、かつ海外のトレンドを吸収しやすい地域でのビジネスが対象である場合が多い。大市場に近いビジネスではなく、過疎地域のような地方を中心に展開される地域ビジネスの創造や現状に焦点を当てた調査研究は少なく、今後調査研究を進める意義があるとわれわれは考えている。

②地域産業振興論

地域産業振興や地域活性化については、政策的な側面や学術調査的な側面などさまざまな角度からさまざまな取り組みが成されてきた。

明治期以降、政府は近代化推進のために中央集権化を進め、都市部への人口集中化と産業の特定地域への集積化を進めた。明治期以降の経済政策は、東京経済圏への一極集中化であったといっても過言ではない。これと同時並行的に、地域との格差是正のための産業配置政策が行われるとともに、地域産業振興論や地域構造論などの理論化が進んだ。

1970年代は、当時の田中角栄首相による「日本列島改造論」による改革が成された。その後も、幾度か地方や地域に関する議論が起こっては消え、皮肉にも経済と人口の東京一極集中化が一層進んだ。また、経済のグローバル化の進展により、例えば系列の崩壊などによる中小企業の収益悪化や、日本の産業がフルセット型構造を維持できなくなったことから、地方の将来に対する悲観論が中心となった。バブル経済崩壊以降は、地方における地価の上昇幅が都市部に比して少なかった、もしくは不動産投資に積極的でなかったことなどから、地方の金融機関を中心とした地方企業の損失が比較的少なかったことなどを理由として、地方の企業の堅実経営に注目が集まった。最近は、少子高齢化による労働人口の減少と後継者不足の問題が経営の現場で起こり、教育現場の荒廃の問題が国策的に重要視されている。

地域にはさまざまな問題が存在する。大都市部と地方との経済的格差、地方の中山間地域・離島・僻地での過疎・老齢化（産業・インフラ・安全・福祉の崩壊）、従来事業の行き詰まり（グローバル化による企業競争力低下、産業の空洞化、誘致企業の転出）、新規事業への活力不足（資金、技術、人材、資源、経験、意欲）などである。しかしこれらは、必ずしも地方にだけ存在する問題であるとは限らない。都市部においてもその地域内における経済的格差問題が懸念されているし、都市部への人口集中・過密化（インフラ・安全・福祉の整備）、大企業の従来事業の行き詰まり（グローバル化による競争力低下、産業の空洞化、企業転出）など、構造的問題を抱えているといわれている。ベンチャー企業などによる新規事業への活力（資金、技術、人材、資源、経験、意欲）も十分とは

表1-1　集落の状態区分とその定義

集落区分	量的規定	質的規定	世帯類型
存続集落	55歳未満人口比50％以上	後継ぎが確保されており、社会的共同生活の維持を次世代に受け継いでいける状態	若夫婦世帯 就学児童世帯 後継ぎ確保世帯
準限界集落	55歳以上人口比50％以上	現在は社会的共同生活を維持しているが、後継ぎの確保が難しく、限界集落予備軍になっている状態	夫婦のみ世帯 準老人夫婦世帯
限界集落	65歳以上人口比50％以上	高齢化が進み、社会的共同生活の維持が困難な状態	老人夫婦世帯 独居老人世帯
消滅集落	人口・戸数がゼロ	かつて住民が存在したが、完全に無住の地となり、文字通り集落が消滅した状態	

注：準老人は、55～64歳までを指す。
出所：大野晃（2008）『限界集落と地域再生』高知新聞社, p. 22。

言えずむしろ不足していると考えられる。こうした問題は、全国のあらゆる地域で潜在的に抱えている問題である可能性がある。

③限界集落の理論

大野晃（高知大学名誉教授）は、著書『限界集落と地域再生』（高知新聞社, 2008年）において、集落を①存続集落、②準限界集落、③限界集落、④消滅集落の4つに分類している（**表1-1**）。

大野はこの現状を踏まえ「65歳以上の高齢者が集落人口の50％を超え、冠婚葬祭をはじめ、田役、道役などの社会的共同生活の維持が困難な状態にある集落」と定義した(13)。2006年度の国土交通省の調査によれば、国内における全集落数は6万2,273（775市町村）であり、そのうち限界集落とよばれる集落は、約13％の7,878集落であるという。1999年～2006年にかけて消滅した集落は191あり、10年以内に消滅する可能性のある集落は423、いずれ消滅する可能性のある集落は2,220、消滅する恐れのある集落の合計数2,643あるという。

④産業クラスターと地域イノベーション

1970年代以降、市場のグローバル化が進むにつれて、一国の経済は産業の国際競争力に強く依存するようになった。これにより産業の国際競争力がイノベーションに支えられることが明らかになってきた。科学技術と共に、教育や企業を取り巻く社会的条件の重要性が改めて確認された。とりわけその国の企業間ネットワークが持つ特徴的なポテンシャルが注視され、クラスターの概念が生まれた。

ポーターは、クラスターとは「特定分野における関連企業、専門性の高い供給業者、サービス提供者、関連業界に属する企業、関連機関（大学、規格団体、業界団体など）が地理的に集中し、競争しつつ同時に協力している状態」であると定義している[(14)]。ポーターの産業クラスター論によって、立地が競争に影響を与えることが認識され、立地が生産性の成長に大きな影響を与え、そこにある企業がどのように競争するかで繁栄が決まることが重要視されるようになった。またポーターにより、ある立地におけるビジネス環境の特性を捉えるためのダイヤモンド形のフレームワークが提示され、4つの要素（要素（投入資源）条件、需要条件、関連産業・支援産業、企業戦略および競争環境）の相互作用の重要性が認識された。特定の分野に属し、相互に関連した地理的に近接したグループが、地域における生産性に重要な役割を果たしている事例は、規模の大小にかかわらず各地にみられる。

近年、学術的側面から、地域の内発的発展を志向する地域イノベーションの議論が成されている[(15)]。背景には、わが国の科学技術政策の視点、さらにはイノベーション政策の視点の変化があると考えられる[(16)]。

清成忠男は「地域イノベーションの議論は、知識論（客観的普遍的な壮大な近代科学による理論体系）や新しく創造された知識など、多様な理論を総合して展開される必要があり、クラスターやネットワークが重要である」と指摘している[(17)]。また、クラスターという言葉を最初に使い始めたのはオーストリア経済研究所であることや、ドイツの連邦政府によるクラスター支援政策について述べている[(18)]。クラスターの構成メンバーの各企業が、イノベーションを展開しなければ失敗していることを挙げ、イノベーションのプロセスに注目する重要性を述べている[(19)]。さらに、地域イノベーションの場はクラスターであるとして、クラスターの捉え方を少し変えて「拠点とネットワーク」とすべきこと、地域イノベーションの担い手は民間であること、その仕組みづくりが必要であることを述べている[20]。

日本国内における関連する政策面では、昭和53（1978）年、科学技術会議が提出した「地方における科学技術活動の推進に関する意見」の中で、“科学技術が地方の産業や住民の生活向上に資し、地方に活力を与えるもの”として、科学技術振興と地域との関係が注目された。平成7（1995）年制定の「科学技術基本法」では、科学技術振興に対して、国と共に地方自治体の責務も定められた。その年の科学技術会議の答申（諮問第22号答申）に基づく指針において「地域の限られた科学技術資源を有効に活用して研究開発を行うためには、その触媒役として優れたコーディネータの存在は不可欠」であることを指摘し、平成8（1996）年の第1期科学技術基本計画に地域の研究開発環境に整備に関する施策も盛り込まれた。JST科学技術振興機構は、この第1期科学技術基本計画に対応して、「地域研究開発促進拠点支援事業（RSP）を開始し、産学官の交流を活発化する目的でコーディネータを公式に配置した。これがその後、研究開発成果の事業化を目的としたファンディングとコーディネータ機能を統合した「地域イノベーション創出総合支援事業」へと発展した。第2期科学技術基本計画（平成13（2001）年）では、地域における科学技術振興のための環境整備として“知的クラスター”の形成が計画され、文部科学省は平成14（2002）年、知的クラスター創生事業を開始した。経済産業省はそれに先立つ平成13（2001）年に、“新市場、雇用創出に向けた重点プラン”を発表し、地域ベースで産学官のネットワークを形成して支援策を総合的に投入する“産業クラスター”計画を始めた。この2つのクラスターは制度的に補い合って、地域クラスター（地域ベースのイノベーション・プラットフォーム）が形成されることになった。科学技術振興機構が平成13（2001）年度より全国的に展開したイノベーションプラザ・サテライトは“地域クラスター”の中核的機能であるコーディネータの活動拠点としての役割を果たす機能を担った。イノベーションプラザ・サテライトの活動が全国的に浸透するに伴って、コーディネータが認知され、“地域イノベーション”という言葉が普及した[21]。

平成23（2011）年には「地域イノベーション学会」が設立され、“地域イノベーション学”の体系化が試みられている。同学会は地域発のイノベーションという意味でこの言葉を使っている可能性が高い[22]。

⑤地域活性研究

こうした背景から、地域再生論（地域活性化論）はもとより、地域産業振興論、技術経営論、など各分野から人材育成の重要性が指摘され、各種の取り組みが成されている[23]。国・地方公共団体や大学、経済団体などは、新規創業の促進や事業所数の減少への努力と並行して、地方の企業経営の後継者育成に注力している。例えば、構造改革特区制度（特に、農業や教育に関連する分野）や税制改革、地域密着金融、地方大学の役割などについての改革が求められている[24]。

平成17（2005）年4月には、時限立法として地域再生法が成立した。平成18（2006）年度から、全国の大学が、内閣府・内閣官房と連携しながら「地域再生システム論」という授業科目をカリキュラム化して開講している[25]。高知工科大学もこれに参画し、マネジメント学部が中心となって平成20（2008）年に地域再生システム論を開講[26]した（平成21（2009）年度からは「地域活性化システム論」に名称変更)。こうした活動が徐々に広がりを見せ、平成20（2008）年3月に「地域再生システム論」を開講する大学を中心に組織された「全国大学地域再生ネットワーク」により「地域再生フォーラム」が開催され、この意図を継いだ地域活性学会が12月20日に設立された（初代会長：清成忠男)[27]。

これまでの地域活性化に関する調査研究は、疲弊した地域への原因を追究する調査研究が多く、実際に地域活性化ビジネスの活動現場の実践で役立ち、問題解決策を提示する研究が希薄であった。地域活性化は重要であるとの認識から注目されながらも、大きな成果となって結実しているとは言い難い。法政大学の中島聞多教授（現、事業構想大学院大学）らの調査研究によれば、これまでの地域活性関連研究は、社会学、農業経済学、経済政策学、経営学、スポーツ科学、農業土木学など幅広い学問分野にまたがってなされており、方法論はもとより用語の意味や定義も明確になっていないという（小林、中嶋，2014年，p. 111，図1)。地域活性学会の設立（平成20（2008）年11月設立）から12年ほどと間もないこともあり、ケースの蓄積や理論化が今後待たれるところである。

　また、都市部と農村部の地域特性の違いや、過疎地域のような地方を中心に展開されるいわゆる地域ビジネスの実態を踏まえた調査分析検討の視点が必要である。こうした問題意識の着眼は、地域の内発的発展を志向する地域イノベーションの議論とも近似している。例えば、地域を支える地域活性化ビジネスの展開能力をみても、経営資源（ヒト・モノ・カネ）の希薄さなどが主因で、首都圏を中心とした都市部と農村部のような地方では、実際は大きく異なる。地域活性化が叫ばれながらも専門家の育成は成されておらず、地域活性化の標準的方法論も確立されているとは言い難いのが現状である。

【付記】 本章の第 4 節および第 5 節は、桂信太郎、那須清吾、永野正朗著『地方のための経営学』（千倉書房，2015 年）の 77-107 頁の原稿をもとにして、加筆修正したものである。

注

（1）中村秀一郎（1990）『新中堅企業論』東洋経済新報社，p. 2。

（2）同上，p. 421。

（3）同上，p. 422。

（4）パイオニア・ベンチャーグループ編（2005）『黎明期のベンチャービジネス運動：日本におけるその思想と広がり』日本ベンチャービジネス協会。

（5）同上。

（6）原田誠司（2008）「ベンチャー論と 21 世紀の起業家社会」長岡大学学術研究委員会編『長岡大学研究論叢』第 6 号，pp. 1-11。

（7）柳孝一（2004）『ベンチャー経営論：創造的破壊と矛盾のマネジメント』日本経済新聞社，p. 8。

（8）同上，p. 8、および占部都美編（1985）『経営学辞典』中央経済社。

（9）同上，p. 9。

（10）同上。

（11）同上。

（12）同上。

（13）大野晃（2008）『限界集落と地域再生』高知新聞社，p. 21。

（14）Porter, M. E.（1998）*On Competition*, Harvard Business School Press.（竹内弘高訳『競争戦略論Ⅱ』ダイヤモンド社，p. 67，1999 年）

（15）例えば、岡本義行（2011）「地域の内発的発展に向けて」『地域イノベーション』Vol. 4, pp. 47-52。

（16）例えば、原陽一郎、桂信太郎、窪大輔、中山裕紀（2013）「イノベーションと企業競争

力」『四銀経営情報』四銀経営情報（130), pp. 2-29, 2013-01。

(17) 清成忠男（2014)「地域イノベーションの構想：産業の革新による地域の再構築」『地域活性研究』地域活性学会誌，Vol. 5, pp. 453-461。

(18) 同上。

(19) 同上。

(20) 同上。

(21) これら政策面の地域イノベーションについては、例えば、那須清吾、桂信太郎編（2013)「地域活性化のための技術経営：都市部と農村部の企業競争特性比較調査をもとに」『〈2013年度・内閣府連携公開講座〉高知工科大学地域活性化システム論実施報告書』2013年11月24日ほか、原陽一郎氏（元東レ経営研究所社長／元JSTプラザ・サテライト評価委員長／研究・イノベーション会会長／前・長岡大学学長）への直接ヒアリングや未発表原稿から。

(22) 地域イノベーション学会ホームページ　http://regionalinnovation.jp/

(23) 西村清彦監修、御園慎一郎、大前孝太郎、服部敦編（2007)『地域再生システム論：「現場からの政策決定」時代へ』東京大学出版会。

(24) 同上。

(25) 内閣府・地域活性化推進室ホームページ　http://www.chiiki-info.go.jp/local/system

(26) 高知工科大学学術情報リポジトリ　23. 内閣府連携公開講座「地域活性化システム論」の中間報告（那須清吾、桂信太郎）http://hdl.handle.net/10173/1192

(27) 地域活性学会ホームページ　https://www.chiiki-kassei.com/

第2章 地域ビジネスの創造と事業化

本章では、地域ビジネスの創造と事業化について述べる。本章は「地域活性化システム論」を学ぶ上で重要と思われる内容のため、桂信太郎、那須清吾、永野正朗著『地方のための経営学』（千倉書房，2015年）の107～156頁の内容を基本としながら一部加筆修正して再掲する。地域ビジネスの事例の記述について詳細を学ぶ場合は、前掲書のそれぞれの項を参照されたい。

第1節　地域ビジネスと競争戦略

経営戦略とは、「戦略的思考に基づいて意思決定された目標とその達成のための基本方針」である。思考の目的意識の持ち方については、「戦略的な意思決定」と「戦術的な意思決定」がある。さらには意思決定の結果から生まれた基本方針と、これに基づく一連の活動パターンまで含める。経営戦略論は、「儲かる分野でビジネスすべき」というポジショニング重視の考え方と、組織の内部を改善しながら組織能力を高める組織能力重視の考え方とに大きく分かれる。1980年代にマイケル・ポーター教授が著した『競争の戦略』（ダイヤモンド社，1982年）や『競争優位の戦略』（ダイヤモンド社，1985年）によって広く知られている競争戦略論は後者の代表である。企業内部の要因のみを重視せず、経営の外部環境が企業経営に与える影響を重視して、自社の業界内部の位置取りを考えるほうがよいという思考が根底にある。

1. 5要因論や基本戦略と地域ビジネス

当該事業が本質的に儲かるかどうかという業界構造の研究をするための考え

方に５要因論がある。業界構造を決める５つの力（競争要因）は、長期的な利益を見据えてさまざまな業界の魅力を明らかにするとともに、業界内の競争の激しさを左右する。「５つの競争要因―新規参入の脅威、代替製品・サービスの脅威、顧客の交渉力、供給業者の交渉力、競争業者間の敵対関係―というものは、業界の競争が、既存の競争業者だけの競争ではないということを示している」。業界の収益性が高くなるか、低くなるかを検討するための構造分析手法である（**図 2-1**）。

地域ビジネス（特にスタートアップ時）には、市場がほとんどなく、人口そのものが萎縮していく場合がほとんどである。ビジネスチャンスもあまりない。ポーターモデルの要素を関数化して均衡状態を計算し、実際にポーター５要因論の均衡状態を静的に捉える必要がある。産業クラスターのなかで考える

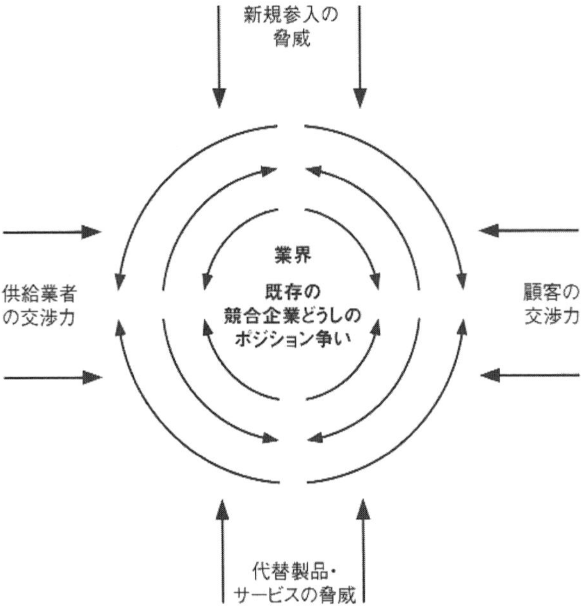

図 2-1　５つの競争要因（業界内部の競争を支配する要因）

出所：ポーター，マイケル著、竹内弘高訳（1999）『競争戦略論Ⅰ』ダイヤモンド社，p. 34。

場合と、単独分野の事業形成を考える場合とで議論を分ける必要もある。しかし地方では単独事業を議論することに対しての意味があまりないことを考えると、前者を意識して説明することが望ましいかもしれない。すでに、競争者が存在し、市場が存在し、経営環境にどのように適応するのかという議論も重要だが、地域ビジネスを考える場合は、その大前提を捉え直す考え方も必要である。

例えば、バイオマスプロジェクトで考えると、木材市場における供給者は森林所有者（地域資源所有者）であり交渉力が高い。一方、購入者はペレット工場となるが、投資回収には安定的な供給が必要であり、交渉力が弱い立場にある。新規参入業者としては外材輸入業者や、外材の輸入が可能となることで発生する廃材供給業者が考えられる。ペレット市場で考えると、供給業者・新規参入業者は多様である。県内のペレット工場、県外の外材廃材をベースとしたペレット工場、カナダなどの大規模工場、さらに、今後考えられる得る途上国のペレット工場などである。交渉力・脅威・代替製品は実際にはさまざまな側面があるので、詳細に相互関係を説明する必要もあるが、基本的な各要素の関係性は説明可能である。これについては、動学的な説明が必要である。事業形成のプロセスにおいて都市部と違って地方は、経営環境（参入業者）が変化することもある。ペレットバーナーの市場においても、初期段階および発展段階で状況が変化するプロセスを説明しなければならない。例えば、仮にペレット工場の建設に成功した場合を考えると、すでに他県に存在する家具工場と連動している安価なペレット生産工場が競合することになる。海外工場においても同様に競合するであろう。また、県内の成功事例をみて、新たに新規参入業者が現れるという状況になる可能性が高い。この時点で地域としては、ペレット供給を県内工場に依存するのか、各工場の組み合わせで供給体制を考えるのかという意思決定が必要になるのである。

残念ながら、完全競争市場を前提とした理論だけでは、地域ビジネスの実情に見合った説明ができるとは言い難い。例えば、高知県のバイオマスを念頭に考えれば、高知県には既存のバイオマス市場がなかった。高知県にはないが日本全体や、世界にはバイオマス市場があらゆるところに存在している。このような場合に、既存市場があるところでの新規参入と、既存市場のないところへの参入の説明は同一ではないのである。市場がないケースでの新規参入とは、初期のビジネスの奪い合いで、基本的なビジネスをどちらが先に創造するかの競争となる。

2. ３つの基本戦略

「戦略ポジションが持続的な競争優位の源泉である」という考え方に基づいた３つの基本戦略がある。戦略ポジションとは、自社のビジネスの立ち位置を考えることである。ポーターは、競争戦略を考える上で、基本的には競争優位の型は「コストリーダーシップ」と「差別化」であると言っている。業界内で平均以上の業績を上げるための３つの基本戦略は、コストリーダーシップ戦略、差別化戦略、集中戦略である。

①コストリーダーシップ戦略

コストリーダーシップ戦略とは、「コスト面で最優位に立つという基本目的に沿った一連の実務政策を実行することで、コストのリーダーシップを取ろうという戦略である」。自社が業界内で、同業他社よりも低コストの地位を確立するという戦略である。独自技術、原材料確保の有利性、経験曲線効果、規模の経済性などにより、仕入・生産・設計・販売のラインにおいて、全体のオペレーションコストを削減し、他社よりも圧倒的な低コストを実現する戦略である。

②差別化戦略

「自社の製品やサービスを差別化して、業界の中でも得意だと見られる何かを創造しようとする戦略である」。同業他社よりも、特徴ある製品やサービスを開発することで、ブランドを確立する戦略である。自社の製品やサービスの品質や性能の高さ、他社に比べて優れているマーケティング手法や流通システムなどにより、他社より自社製品の価格を高く設定し正当化する戦略である。

③集中戦略

「特定の買い手グループとか、製品の種類とか、特定の地域市場などへ、企業の資源を集中する戦略である」。特定の地域や顧客などの市場にターゲット

		戦略の有利性	
		顧客から特異性が認められる	低コスト地位
戦略ターゲット	業界全体	差別化	コストリーダーシップ
	特定セグメントだけ	集　中	

図 2-2　3 つの基本戦略

出所：ポーター，マイケル著、土岐坤他訳（1982）『競争の戦略』ダイヤモンド社，p. 61。

を絞り込む戦略であり、ターゲットとするセグメントにおいて差別化を図る差別化集中戦略、ターゲットにおいてコストリーダーシップを図るコスト集中戦略の２種類がある（**図 2-2**）。

地域ビジネスのバイオマスプロジェクトで３つの基本戦略を考えてみる。高知県にある株式会社相愛（バイオマス事業者。以下、相愛）は、ペレットボイラーの独自技術で他社と差別化した。ただし製造コストが高いため、ビジネス初期は補助金が必要であった。初期の市場がないケースでは、補助金に頼らないとスタートできないのが一般的である。一方、相愛は、技術革新をしながら、市場の成長の過程で規模のメリットを追求しながらコストを下げていく。つまり、まずは差別化ができるか、差別化が成功したとすれば、次はコストリーダーシップに移行できるか、ということになる。ここでもう１つ問題なのは、差別化がいつまで続くかということである。競合企業が画期的なボイラーを製造すると状況が変わる。コスト面においても、市場が継続するためには技術開発が進まなければならない。つまり、市場がない状況ではコストリーダーシップは発揮できない。相愛が圧倒的にボイラーのクオリティーを維持すればこの寡占状態を維持できる。成熟市場が前提の分析だけでは地域ビジネスの説明はできない。地域ビジネスにおいては、市場の成長なり、技術開発で、初期の市場を形成していかなければならない。形成して市場が成長してきた段階においてリーダーシップという要素が初めて発揮されていくのである。

第2節　地方における産業クラスターの形成と安定化方策

1. クラスターの概念と政府の役割

クラスターとは、「特定分野における関連企業、専門性の高い供給業者、サービス提供者、関連業界に属する企業、関連機関（大学、規格団体、業界団体など）が地理的に集中し、競争しつつ同時に協力している状態」であることをいう。ポーターは「立地は生産性、特に生産性の成長に与える影響という点で競争優位を大きく左右する」と指摘し、そこにある企業がどのように競争するかで、その地域の繁栄が決まるとした。ポーターのクラスター理論により、企業の立地が競争に影響を与えることが認識され、ある立地におけるビジネス環境の特性を捉えるためのダイヤモンド形のフレームワークが提示された。

このフレームワークによれば、要素（投入資源）条件とは、天然資源、人的資源（労働力）、資本、物理的インフラ、行政インフラ、情報インフラ、科学技術インフラなどである。産業が生産活動を行い競争に勝ち抜くために必要な生産要素（資源）が、国内に整備されているかどうかが見て取れる。需要条件とは、高度で要求水準の厳しい地元顧客、別の場所でのニーズを先取りする必要性、グローバルに展開可能な専門的セグメントでの地元の例外的な需要が例示されている。産業における製品・サービスについて、自国内での需要が存在しているかどうかということである。企業戦略および競争環境は、国内企業がどのように組織され、経営されているかということである。関連産業・支援産業は、競争力のある関連産業や有能な地元供給業者が、国内に存在しているかということである。

このダイヤモンドフレームの4つの要素は、相互作用を示したものである。これら4つの要素は、①企業や産業の生産性を向上させ、②イノベーションを進める能力を強化し、③クラスターを拡大するような新規事業の形成を刺激する、という3つの大きな影響を、競争に与えるという。生産性向上に寄与する価値と効率両側面において、イノベーションが連続して起こるような企業間競争をクラスター内で起こすことが必要である。ポーターは、競争戦略論におけるクラスター研究において、経営戦略の観点から、現代的なクラスターの構成要素を導き出し、クラスターについて競争優位をもたらすダイヤモンド形のフレームワークに位置付けながら整理してまとめ、競争要因の分析ツールを確立した（**図2-3**）。

これ以降、例えば、地域経済政策の立案に関して、クラスター形成を目指す地域が増加し、クラスター研究も世界レベルで進んだ。経済学や経営学などさ

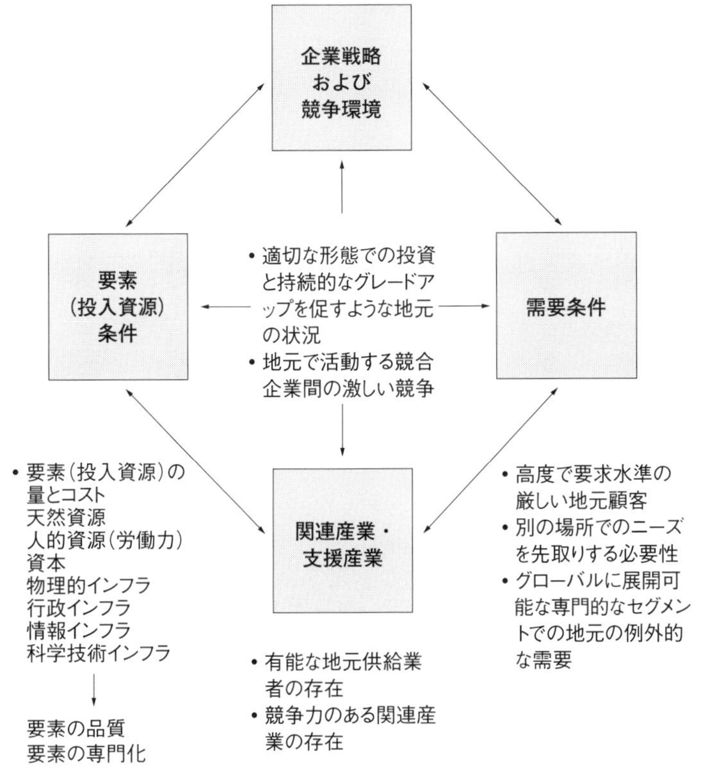

図2-3　立地の競争優位の源泉（ダイヤモンドフレーム）

出所：ポーター，マイケル著、竹内弘高訳（1999）『競争戦略論Ⅱ』ダイヤモンド社，p. 83。

まざまな分野で理論蓄積が進んでいる。

2. 地域ビジネスの創造と産業クラスター

地方で生き残っているベンチャー企業は、大企業がつくらない製品、サービス、技術、ノウハウなどを持ついわゆる特異性を持つ企業である場合が多い。ビジネスに特異性がない場合は、別の何かで勝負しなければならない。技術力だけでなく、徳島県上勝《かみかつ》町の葉っぱビジネス（株式会社いろどり）や高知県馬《うま》路《じ》村のゆずビジネス（馬路村農協）のように、いわゆる地域資源や地域の優位性を説明するなどの工夫が必要である。

地域ビジネスの創造・事業化と産業クラスターについて考えてみようと思う。産業クラスター論は、ある一定レベルの市場がすでに存在する場合を想定している可能性が高い。市場がほとんどないもしくは全くない場合は、クラスターを自ら創造する必要がある。需要条件とは、産業における製品やサービスの自国内における需要のことであるが、地域ビジネスのスタートアップ時は、需要条件がほとんどないケースが多い。関連産業は、地方の野菜ビジネスや林業など関連する産業があるかもしれない。また、地域には、天然資源は存在するため、要素条件はある程度存在するであろう。

地方におけるビジネス創造は、まずクラスターのないところにビジネスを創造して市場を作り出し、これを事業化して安定させるということから考える必要がある。市場だけでなく、需要もない場合は、これも創造する必要がある。需要条件どころか関連産業や支援産業もほとんどないなかでの事業創造である。クラスターを設計し、一定の規模の需要と供給を同時に生み出す工夫が必要である。一方、都市部に近いビジネス創造の場合、形態としてクラスターや関連産業・支援産業が存在しない場合でも、クラスターを形成するための要素が数多く存在する。クラスターを形成する基になる特異な技術や魅力などの要素が存在すれば、例えば、雪の結晶のように利害関係者が自然に集結する。ここが地方の場合は大きく異なり、地方ではクラスターを形成できないため、自ら設計するしかない場合が多いのである。

3. ビジネスのリスク要因と産業クラスターの安定化方策

次に、地方における起業から事業化に至るプロセスにおいて障害となり得るリスク要因とビジネス安定化の方策を検討する。バイオマスビジネスや他の地域ビジネスの事例について分析検討を重ね、ビジネスの起業から、技術や製品開発が市場に受け入れられ、収益化するまでの障害を抽出し、それぞれの段階についてリスク要因を分析する。また安定化方策についても検討する（**図2-4**）。

①技術開発投資リスク

バイオマスプロジェクトは、自治体から民間企業が金銭的協力を得られないため、開発主体である民間企業がすべてのビジネスリスクを負わなければならない。また、公的な性質の強いビジネスであるため、地元自治体の理解・協力を得られない場合、プロジェクトの実行そのものに対する大きな障害となる可

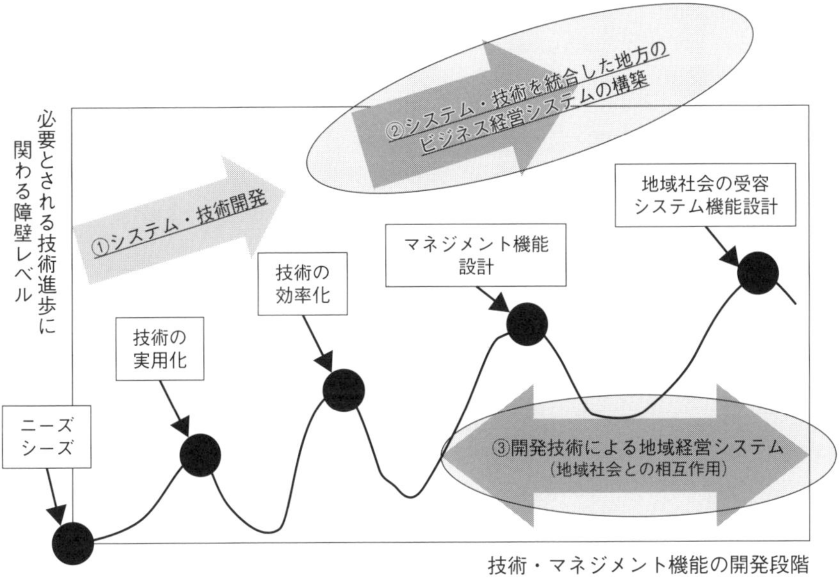

図2-4　技術開発が受け入れられ収益化するまでのハードル

出所：那須清吾　作成。

能性がある。また、民間企業の研究開発投資リスクが高くなるという不安定な関係を有する。馬路村や上勝町においても、ビジネス化に至るまで、一定レベル以上の投資や製品開発を行っている。上勝町では、農家へのパソコンの配布や、情報ネットワーク構築に初期投資をしている。しかし他の地域ビジネスと比較しても、バイオマスビジネスにおける技術開発リスクは、主体の民間企業の投資リスクが高かったという難しさはあった。

②技術シーズの実用化（地元の協力）

環境に関心を持ち、先進的な農業経営を志す農家の発見と協力がビジネス成功の重要な要因であった。技術シーズを確認する段階においては、試行錯誤の面倒なプロセスを共に実施してくれる先進的な意識の協力農家の存在が不可欠である。技術開発段階において、需要家が技術シーズを把握し需要家に受け入れられる技術の開発を経済的、時間的な観点から最も効率よく行うためには需要家の協力が必要である。バイオマスボイラーの開発においては、先進的な農家の発見と彼らの献身的な協力により、彼らの持つ加温機運転ノウハウや意見を取り入れながら技術開発を実行できたことが効率的な開発投資・スピードおよび機器の効率性に大きな影響を与えた。上勝町や馬路村のケースにおいても、地元の協力が重要であることは共通した条件である。個別農家の協力がなければ事業は成功しない。

③技術ニーズの確認（保証リスク）

技術ニーズの確認から技術開発段階では先進的な農家の協力を得た。しかし、農業経営の安定は不可欠であったことから、燃料供給、燃料価格、初期投資に関わる保証を与える必要があった。特に燃料については県外企業に依存することになり、金銭的に大きなリスクを負った。技術の実用化開発段階では、技術を実証するためにユーザーの協力を得る必要があった。ユーザーは経済的リスクを回避するために技術開発側に保証を要求する。これを乗り越えるために技術開発側は経済的に大きなリスクを負担するが、これが地方の小規模事業者にとっては高いハードルとなったのである。保証リスクはバイオマスビジネスにおいて特有に見られる条件であり、上勝町や馬路村のビジネスではこうした特性は認められなかった。

④技術の効率化（競争リスク）

木質バイオマスバーナーの技術は、ある東京本社の大手機械メーカーが圧倒的に優位であったが、農家との地道な協力関係により効率性において優位な技術を確立できた。さらに重油の値段が木質ペレット相当まで下がった場合であっても、農家の経営が安定し、産業クラスターも安定化する技術水準を目指した。地方において地元企業がビジネスを成功させるためには県外企業との競争に勝つ必要があるが、圧倒的な資本力と技術力を有する県外企業と市場原理に則って競争することは非常に困難である。その結果、県外企業に都合の良いビジネスモデルが形成され、県内資源が付加価値や波及効果を生まないまま県外に流出することもある。技術あるいは商品の優位性を確保することは、市場での競合関係において優位性を発揮するだけではない。産業クラスターを安定化させ地域への価値創造および波及効果の創出を生み出すために必要なビジネスプロセスである。

技術や製品の優位性を確保する点においては、上勝町のケースは、その事業体がその地域でオンリーワンの事業体となっている点がバイオマスビジネスと異なる。馬路村はすでに類似製品が出回っているものの、馬路村そのものをブランド化して田舎の雰囲気と抱き合せて都市部に売り出す方針を早くから打ち出しており、こうした意味でオンリーワンを確立している。バイオマスビジネスは県外との競争がすでにあり、本質的に異なる。この点からも何らかの優位性を見出し、競争を優位に進める必要がある。このバイオマスビジネスのケースにおいては、幸運にもボイラーの技術的優位性に恵まれたことに加えて、地域と一体化した取り組みが功を奏し、一定レベルの成果に繋がっている。

⑤産業クラスタービジョンの形成（需要安定リスク）

技術的優位性を踏まえた産業クラスタービジョンの形成が、ビジネス安定化に必要不可欠である。企業が単独でビジネスを立ち上げ成功するのは、潜在的協力者が多数存在する都市部の話である。木質バイオマスシステムは木質ペレットを燃料とするため燃料の供給が安定化しないと農家の経営が不安定となり、ビジネスは起点にも立つことができない。

需要と供給の関係が安定化すること、つまり、一定規模の需要者（農家数）

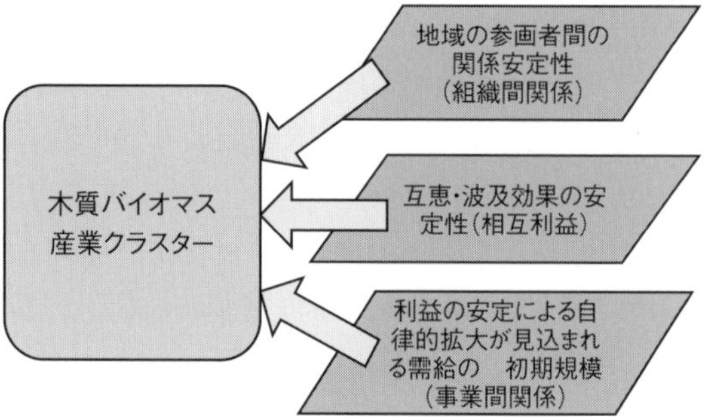

図 2-5　産業クラスターの安定化要素

出所：那須清吾　作成。
注：3層構造の安定性が確保された場合、ビジネスモデルおよび
　　産業クラスターの安定性が確保できる。

と一定規模の供給者（ペレット工場）が存在することが必要条件である。また、産業クラスタービジョンの各参画者の相互協力と相互利益調整も、ビジネス安定化には必要条件である。つまりクラスターの3層構造（事業間関係、組織間関係、相互利益）を確保する必要がある。馬路村と上勝町の比較においてはクラスターの複雑性が異なる。事業を立ち上げる困難さと安定性に大きな影響を及ぼす（図 2-5）。

⑥クラスターの安定化（ビジネス安定化リスク）

　産業クラスター形成に必要なクラスター3層構造の安定化には、さまざまな障害が伴った。先進的な農家と保守的な農家の関係、農家と農協との利害関係、利益が明らかになった段階での地方自治体間の競合関係、大手機械メーカーとの競合関係、高知県などの地方自治体の民間企業に対する対応方法など、さまざまな相互関係が複雑に関連しており、産業クラスター全体が不安定化する要因は多い。

　例えば、産業クラスター形成段階において、各地方自治体で小規模なペレット工場が乱立し始めた。われわれの試算では到底経営が成立しない規模であったが、木質バイオマスビジネスが成功する可能性が見えてきた段階で、各地方自治体が地元企業を支援する形で高知県から補助金を獲得していった。既存小規模企業保護の名目で、必要不可欠な大規模ペレット工場への公的支援を高知県から断られることになった。

クラスターにおける利害関係者が少なければ少ないほど、調整に時間や労力を奪われず、ビジネス成功に近くなる。また要素のどこかに不具合が出にくいうえに、バランスが崩れた場合でも発見しやすく修正しやすい可能性が高い。利害関係者が増えれば増えるほどクラスターは複雑化し、調整に時間と労力が奪われる。結果、クラスターが安定化する可能性が低くなるという傾向がみられる。

本書において取り上げた木質バイオマスプロジェクトにおいては、特に開発技術の側面において、①加温ハウスにおける木質バイオマス燃焼機器開発、②木質バイオマス利用市場の確立（高知県下の加温ハウスにおいて年間およそ3,000トン規模）がなされている。高知県においては、今後、数年間にわたり毎年100台程度の施設園芸用木質バイオマス加温機を普及させることが産業振興計画に組み込まれており、数年後には県内に１万トンを超える木質ペレット市場が形成される可能性がある。また、農業用市場ばかりでなく、地域の温泉施設などへの熱供給にも取り組みが始まり、地域資源によるエネルギーの地産地消スキームが実現する可能性もある。

バイオマスビジネスの主体は、意欲ある農家、企業の技術開発や事業形成者、大学の研究者であった。ステークホルダーは非常に複雑かつ多岐にわたり、産業クラスターも複雑である。クラスターが複雑になれば、クラスターが不安定になり、事業が成功する確率が下がり、ビジネスの成功まで長期間を要する。クラスターの複雑さとビジネスのリスクを詳細に検討することが重要である。ビジネスモデルは単なる到達点であって、そこに至るプロセスモデルが重要である。一企業の利害を超える産業クラスターの安定化を検討する必要があり、組織間安定性、相互利益安定性、規模による安定性を考える必要がある。全国的に木質バイオマスプロジェクトは取り組まれているがいずれも苦戦している。

言い換えれば次の２つの学術的視点の重要性を示している。１つは、現実の課題解決は学術分野の統合なくしては成立しないということである。もう１つは、研究活動がある分野を対象としている場合、常に全体との関係を意識した課題解決の方法論を意識すべきであるということである。地域におけるビジネスの事業形や地域活性化に関わる研究は、具体的な事業を対象として具体的な効果を求められる。しかしながら実践していること自体に意義があるかのような取り組みも多い。今後の地域活性化に関する調査研究は、具体的なビジネスの形成プロセスを研究対象として分析研究を行い、疑似的にビジネスの形成プロセスを体験し、その上でさまざまな失敗事例を比較分析することが望まれる。プロセス研究が、ビジネスの現場を中心とした事業創造や地域活性を研究する学者を育てるのではないだろうか。

第3節　地域ビジネスの特性把握と資金調達

1. 地域内外の資本関係

①地域ビジネス創造と市場原理

地域ビジネス創造において問題になるのは、地域外に価値が流出する問題である。東京経済圏などの大資本と競合するビジネスを創造する場合、ビジネスを市場原理に任せると、地方のビジネスは常に負けることになる。「強いものが勝つ」原理である。天然資源を豊富に持っている地方と、資本が豊富な東京の企業がフリートレードの中で行動する場合、大資本は損する行動はとらない。

天然資源は地方にあるが、これを利活用できる技術やそれをビジネス化するノウハウ、資金は、多くが首都圏に位置する大資本に蓄積されている。地方においてビジネスを展開する場合、これらの点において、地域の中小資本は圧倒的に不利である。一方で、大資本は単純な市場原理下において競争上有利である。

例えば、前述のバイオマスビジネスの事例においては、地域外から資本力と技術力に優位性を持つ大資本が高知県内市場に参入した。それに対して地域内資本は、研究開発により技術的優位に立ったのである。地域や個別農家との緊密な協調を大きな武器にした。他にも、地域ビジネス成功事例で有名な、馬路村のゆずビジネスや上勝町の葉っぱビジネスも、市場原理以外の要素を組み合わせることで独自の強みを形成し、競争優位を構築することで大資本の市場参入や競争に打ち勝っている。

②地域外企業・資本の関係性分析の重要性

地域外企業あるいは県外資本の役割を分析することが重要である。例えば、技術系の県外企業の開発技術をシーズとする場合、県内企業との競合関係はない。しかし、県内企業の開発技術をシーズとする事業形成や産業連関ビジョン形成では、技術的に競合関係にある県外企業が、その優位にある開発力と資本力により同様の技術開発を行う可能性がある。また、その資本力により県内資源を獲得するとともに、ビジネスモデルを模倣する可能性が高く、本書のように製造品に大きな波及効果が存在する場合、県外企業が県外に販売し利益を最大化させることで、県内資源を自己利益に活用するだけで県内に波及効果を還流させない場合がある。県内企業と県外企業が競合している状態で市場原理に任せた場合、資本および技術開発力の格差により、県外企業に有利なスキームとならざるを得ない（県の利益は、したがって縮小される）構造的課題が存在する。したがって、特に地域資源による地域利益最大化を目指す場合には、ある程度の市場原理の制限は必要不可欠である。

③資本・信用と伝統・技術・ノウハウ

地域ビジネスの失敗事例の多くは、地域外の大手資本との競争上の失敗が原因である。地方にある資源を活用し、資本と信用を投入し、技術・伝統・ノウハウを生かしながら、価値を生み出さねばならない。この際に、人的資源、資本、信用の面で不足している地域ビジネスにおいては、地域外の大手資本にこれらを依存しがちである。例えば、地域外の大手資本は「地域活性化の手伝いをする」という名目で地方の市場にビジネス参入を持ちかけるケースは多いが、こうした場合でも大手は儲からない行動はとらない。必ず大きな利益を得る計算があっての参入となるのである。

④クラスターの構成要素と地域内外資本の関係

地方においては、クラスターを形成する際に、その構成要素である①関連産業・支援産業、②要素条件、③企業戦略、④需要条件、が地域外資本に頼りがちである。地域内にある企業などの構成要素を信用していないともいえる行動をとる傾向が強い。

地方には地場産業のリーダーとして発展したような大資本が存在するケースはまれである。もしくは一定規模レベル以上に成長した場合には、大都市圏に本社機能を実質的に移転してしまうケースが多い。結果的に地方は中小零細企業の集合体となってしまう。クラスターの中心的役割を果たす企業が存在しないことが多く、この場合は企業同士の繋がりが薄くなる。こうした地域に大手資本が参入すると、信用も歴史もノウハウももっている大手を地域の組織が信用してしまうことが多い。地方の企業は信用、資本、ノウハウがない場合が多いため、倒産するリスクが高い。こうした実情のため、地方は企業誘致を行う地域が多い原因の1つとなっている。またひいては、結果的に地域の資源を流出させてしまうことに繋がっている。

⑤地域内の組織化や連携の問題

地域ビジネスを創造する場合、地域の資源と信用・資本、技術・伝統・ノウハウなどを組み合わせながら、ビジネスが成立するように組織化を図ることが可能であるかどうかが重要なポイントになる。地域内に技術・伝統・ノウハウがなければ産業は形成されない。長野県の諏訪地方の精密機械・ハイテク産業や新潟県の燕の洋食器・刃物の産業などのように、地域内で完結できる技術・伝統・ノウハウがあり、これらを組み合わせることが可能な場合には、産業が形成される。しかし、これらがなく地域外に依存せざるを得ない場合は、より一層高いレベルでのマネジメント能力が求められる。多くを地域外に依存する場合でも、合弁という方法もある。例えば、高知県の茶産業（土佐茶）は、品質が全国的にも上位であるとされているが、約8割が静岡県などに出荷されている。また、土佐打刃物も堺の刃物の下請けとなっている事業所が多く、堺の刃物として売られているケースが多い。さらなる地域内における組織化や連携が求められるのである。

2. 地域ビジネスの特性の把握

①ビジネス初期の経営環境要因

地域ビジネスが成功するためには、初期の経営環境要因を考えなければならない。どのような条件であればビジネスが成功しやすくなり、または失敗しやすくなるのか、境界条件を考える必要がある。ビジネスのスタート状態では、組織や地域性などにおいて多様である。そこへ経営資源を投入する都度、何かが変化する。経営資源を投入した際に変化する段階と、将来変化するであろうと思われる段階との３段階を考える必要がある。初期の経営環境要因については、多様性、民間ベースの競争関係、地域性を考える必要がある。また、ビジネスを受け入れる素地についても考える必要がある。①経済的余裕がなく何でも受け入れなければならないという状態、②新しいことにチャレンジする必要性のある状態、という意味である。例えば、芸西《げいせい》村の農家は、経済的には恵まれている。経済的に逼迫していなければ、改革する必要がないと考える人が多い。例えば、馬路村におけるビジネス初期環境では、一定レベルの事業成功が認められるまでは、当時、馬路村農協職員であった東谷望史《とうたにもちふみ》氏（現、代表理事組合長）は、経営方針に対して地域住民は非協力的であったため、自らチャレンジャーになった。その後、彼の一定レベルの成功を見て、そのあとをフォロワーが追いかけたのである。上勝町においても、当時、上勝農協（現、JA 東とくしま）の職員であった横石知二《ともじ》氏（現、株式会社いろどり代表取締役社長）は、葉っぱビジネスのアイデアを出していたが、当初、住民は「私たちにゴミ拾いをさせるのか」と批判的であったという。彼は苦労して賛同者を探し、理解者となってくれた少数農家の協力を得てスタートした。この成功を見て、私もやりたいと他の農家が申し出るようになった。バイオマスのケースでは、挑戦的な農家が存在し、プレーヤーとなったことが、一定レベルのビジネス成果に結びついた。

②ビジネスプロセスとビジネスモデル

ビジネス特性を考える上で、ビジネスプロセスを検証する必要がある。ビジネスのプロセスを時系列で見た場合、段階を設定し、何処でビジネスの障害が発生するのか、それをどうクリアできるのかを考えることが重要である。クラスター形成は即席にはできないので、成長段階で踏んできたステップを見ながらビジネスを一般化することを考えることが必要であり、ビジネスモデルの原型を考えて一般化することが重要である。ビジネスモデル自体を各地域へそのまま当てはめるのではなく、ビジネスモデルを原則論と捉え、ビジネスモデルの原則論を、各地域へ合わせたビジネスプランに置き換えていくべきである。ビジネスプランは、プレーヤーや組織の場に対応したさまざまなプランがあり、その都度、アレンジしながら変化させる。よって、ビジネスを時系列上のある時点で切り取って見た場合は、事業それぞれの出発点がすべて異なるので比較ができないのである。

3. 地域内資本を中心としたクラスター形成は可能か

①産業クラスターのビジョン形成と安定化

前節3項で述べたように、産業クラスター形成に必要なクラスター3層構造の安定化には、さまざまな障害が伴う。クラスターにおける利害関係者が少なければ少ないほど、調整に時間や労力を奪われず、ビジネス成功に近くなる。また要素のどこかに不具合が出にくいうえに、バランスが崩れた場合でも発見しやすく修正しやすい可能性が高い。利害関係者が増えれば増えるほどクラスターは複雑化し、調整に時間と労力が奪われる。結果、クラスターが安定化する可能性が低くなるという傾向がみられる。

②地域中小資本からクラスター形成は容易ではない

地域内の中小資本が中心となったクラスターでは、その構成要素である①関連産業・支援産業、②要素条件、③企業戦略、④需要条件、を束ねることが容易ではない。

今回取り上げたバイオマスビジネスのケースは、クラスターの中心に大学（高知工科大学）が位置し、公的補助金を活用したレアケースである。通常の場合、地元の中小資本が中心となるプロジェクトでは、巨額の補助金が投入されることはあまりない。信用の蓄積がなされていないケースが多いためであり、地方自治体もリスクを回避する行動をとるため、補助金を出さない。また、公平性の観点から特定の企業のみに補助金を投入しないことが多い。クラスターを構想することが困難である場合が多く、地方の苦しい現状を招いている一因となっている。県外大手を誘致して支援するほうが、リスクが少ないと感じる可能性が高い。しかし、大手の誘致が不利益ばかりとも限らない。誘致後、大手企業が思うような収益が上げられない場合に安易に撤退して、地元の混乱を招くケースがある。逆に、進出後に安易に逃げられないように上手に進出企業周辺に産業クラスターを形成することも考えられるのではないだろうか。対応次第で状況が大きく変わるケースもある。

4. 結論

都市部の理論で自然発生的に集積していくクラスターと、地方のように意図して設計し作り込むことで集積させていくクラスターとでは大きく意味合いが異なる。地方の経営資源の少なさや、地域資源を利用してクラスターを形成する、あるいはクラスターの一部となる企業や団体・個人が非常に少ないことから、市場における競争からクラスターが形成されることはない。自然に市場で淘汰された強者が結びつく都市部のクラスターではなく、弱者であり時として創造しないと存在すらしないクラスター形成者を連結する地方の努力は、都市部の比ではない。そこに、全国の地域で、そこに存在する地域資源を地域の収入にできない構造がある。そこに地域外の信用力・資本力の強い企業が参入することで、容易に付加価値を生み持ち帰ることを可能にする構造がある（**図2-6**）。

生まれた付加価値は、そのまま地域の収入となる仕組みが必要である。そのために地方に存在する技術・伝統・ノウハウなどを投入し、地域に収入がとどまる仕組みを考えなければならない。

①地域ビジネス創造の課題構造

バリューチェーンやクラスターを創造するノウハウが行政にあれば良いが、残念ながら弱い地域が多い。これがあれば地域内の企業にビジネスをもっと任せてもよいと思われる。地方の企業は資本力も信用も少なく、経営企画能力も乏しい場合が多い。ましてや、クラスター形成能力を期待するには無理がある。

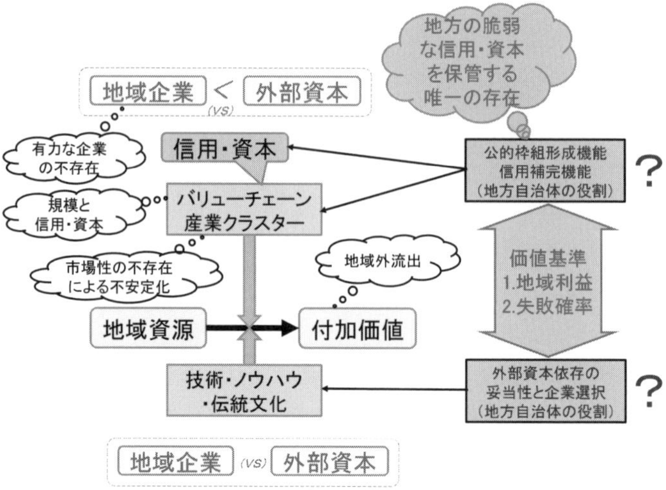

図2-6　地域ビジネス・産業形成の課題構造

出所：那須清吾　作成。

行政側では、県内企業は倒産するリスクも高いため、大規模な事業ほど信用力と資本力の強い地域外の企業に任せるか、地域外の企業と組んでビジネスを進めるという心理が働く。真に行政に求められる機能は、どの程度の割合でビジネスが成功し失敗するかを見極めながら、失敗や損失も認めつつ期待値で思考し支援していくことである。しかし、少ないプレーヤーを繋ぐだけのバリューチェーンやクラスターは不安定であり、行政側に十分な目利き能力を求めることにも限界があるのも事実である。

行政が地域ビジネス創造に支援をする場合、国と地方では支援規模に違いがある。国の支援であれば政府系金融機関や国からの直接の補助金投入となる。地方においても同様であるが規模が小さいのが常である。このように、小規模な地域ビジネスであれば事業化も可能であるが、補助金による場合、国においてもその規模には限界がある。実際には、地方で求められている規模を伴った地域ビジネス創造が支援されることはまれである。地方行政においても同様であることは明らかである。国において規模を伴った事業に対する支援が実現する場合があるとすれば、低利あるいは無利子貸付である。なお、いずれの場合でも地方行政が規模を伴った地域ビジネスに数十億単位の支援をすることはほとんどない。また、小さい規模の支援であっても、失敗を恐れるあまりさまざまな制約条件を付すことが多く、本来は事業成功確率の高い企業であっても支援を受けないと判断をする企業が非常に多い。それでも支援を求めてくる企業は、逆に事業成功確率が低い企業となるのである。

②地域ビジネス創造には資金補完機能が必要

地方において行政は、信用補完機能と同時並行的に、資金補完機能を果たす存在であるべきである。なぜならば他にその役割を果たす高い信用力と資本力を持った存在がないからである。しかし、実際には信用や資本、実績のない地方のビジネスに多額の資金（補助金）を投入するケースはまれである。このようなビジネスは失敗する確率も高く、地方自治体としては失敗したときの責任を回避する意図が働くと考えられる。こうしたことから地方では、企業誘致など地域外の資本に依存するケースが多い。地域外資本への依存も悪いわけではないが、その妥当性、どのような企業をパートナーとして選ぶのかという企業選択の基準が問われることになる。これらの問題に対処することが、地方に課された課題ではないだろうか。

この課題を議論する上で必要なのは、地域利益および失敗確率を基礎とした行政の判断の仕組みである。地域利益と域内企業への投資の失敗確率は背反する傾向にある。地域利益や失敗確率を具体的に指標化することは、十分な実績と経験を有する民間事業ですら簡単ではないと考える。仮に指標化できたとしたら、投資の成功確率を高めることができるという意味がある。しかし、地域における産業振興を目指している行政であるならば、少なくとも地域利益や失敗確率を反映した哲学を持った判断を行うべきであると考える。さらには、将来このような指標に基づいてAHP（Analytic Hierarchy Process：階層分析法）などの手法を用いて過去の投資実績を分析して指標化することも十分に可能であると考えられる。いずれにしても、地域ビジネス創造には、地方行政が信用補完機能と資金補完機能を同時に果たしながら、ビジネス創業を支援する仕組みが必要であり、そのためのこれまでの行政には存在しない地域利益と失敗確率を変数とする企業選択の判断基準および仕組みが必要であろう。

第4節　産業連関ビジョンと事業形成プロセス

地方の行政や企業には、産業連関的な発想が乏しい。しかし、さまざまな要素が有機的に繋がって連関することで、実際には地域が活性化するのである。マクロ的な経済構造から小さい商店などのミクロ的な活動まで、繋がりを意識した形で地域活性化を論じるべきである。都市部でベンチャー企業が事業を起こせばビジネスチャンスを狙って「私も参加させろ」と多くの企業が手を上げてくる。しかし、地方の事業者ではビジネスチャンス（事業者間の繋がり）に気付くことは難しい。気付いてもそのビジネスチャンスを目利きする（可能性を計る）ことができない。余程に確実なビジネスとして他者が確立させない限り、繋がりを求めることはないと思われる。

都市部と地方部を比較すると、周囲が自然にクラスターを形成してくれる都市部と違い、地方では全体のクラスターを事業者自らあるいは行政が設計する必要がある。

馬路村と上勝町との相違点は、クラスターの規模や利害関係者の数である。利害関係者が多ければ多いほど、ビジョンの重要性や調整の必要性が増してくる。全国の地域ビジネスの事例を見ても同様の傾向にある。多様な関係者が関与したクラスターにおいては、単に事業者間で需給バランスを見てビジネスを行うだけでは成功しない。

図2-7には、高知県での事例のバイオマスビジネスにおける起業から事業化に至るプロセスについて、その時間軸と事業者間の関係図を示した。多様な利害関係者の存在するプロジェクトであることがわかるが、その利害調整に多大な労力を要したことは想像に難くない。クラスターの規模と利害調整、時間軸、産業連関ビジョン等との相互の関係性を常に意識しながら事業化を進める必要があることがわかる。

①第1段階：ビジネスデザイン

高知県のコンサルタント会社「相愛」が、高知県の森林資源を活用したバイオマスビジネスのプロジェクトを始動させた。技術を何も持たずに始めたこと

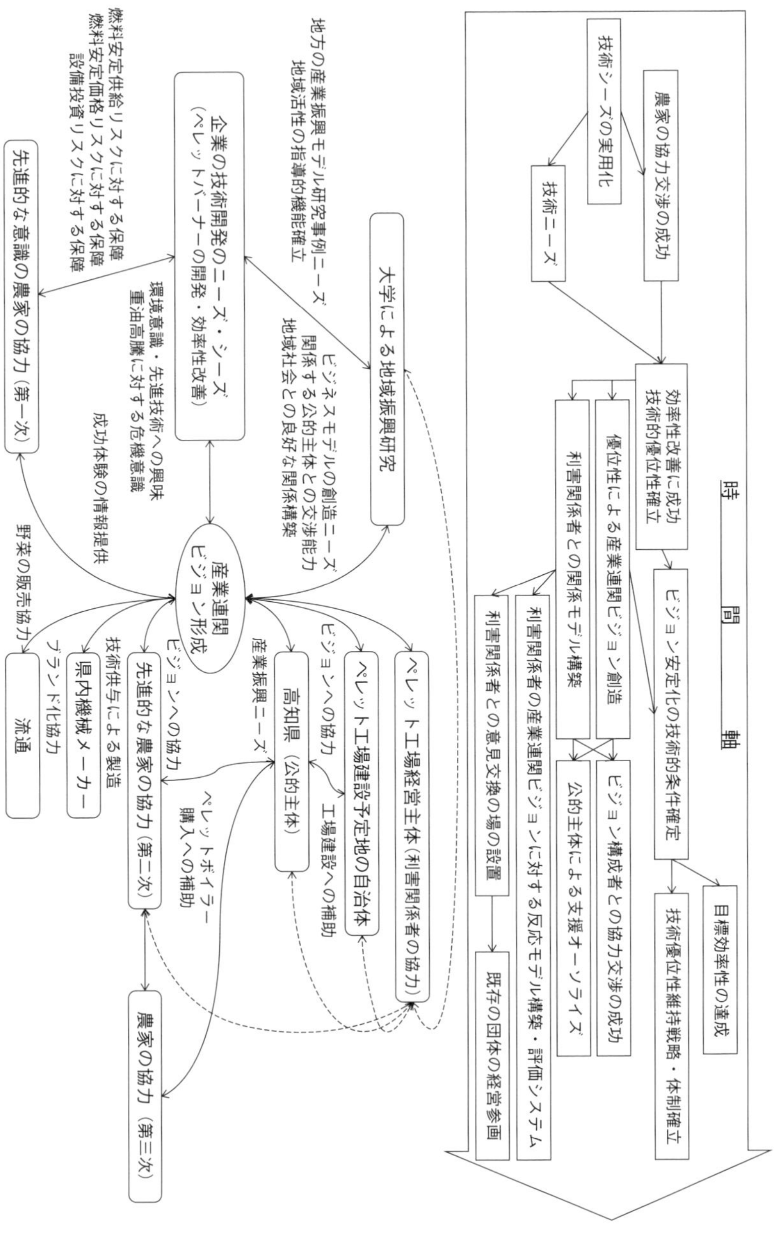

図 2-7　事業形成プロセスにおける事業間関係図

出所：那須清吾　作成。

から、提携会社との関係性を含めて複雑なマネジメントを余儀なくされた。技術開発には多額の借入金を必要とした。必要とされている技術のニーズを確認する作業から始め、企業の存続に関わる大きなリスクを負うこととなった。また、地方自治体の協力は得られなかった。

上勝町の葉っぱビジネスでは、ビジネスの特性としてバイオマスビジネスのボイラーのような特殊技術の開発は必要ない。商品は天然資源の葉っぱであり、これをいかに需要家のニーズに合わせ、いつでもすばやく新鮮なまま納品できる流通システムを構築できるかがビジネスの成否を分ける。技術開発に必要な多額の借入金も、地方自治体の協力も必要ない。また、馬路村のゆずビジネスは、市場に受け入れられるための商品開発が必要となる。また「地域をまるごとブランド化する」というビジネス特性を創出したため、地方自治体の協力が必要だった。また、利害関係者が比較的多いため、地元の柚子栽培農家による原料の安定供給や、農協等との利害関係の調整が必要であった。

②第2段階：パートナーの確保

バイオマスビジネスプロジェクトでは、環境問題に関心を持つ先進的な農業経営を志す農家との協力が次のステップであった。特に、技術ニーズを確認するための試行錯誤による面倒な情報交換のプロセスに協力してくれる先進的な意識のある農家の存在が必要であった。需要家の技術ニーズを把握し、低コストで効率的な技術開発を進めるためには、需要家の協力が必要である。特別な技術や商品開発の必要がない葉っぱビジネスでは、技術開発における不安定要素は存在しない。しかし顧客の発注に即時に応えるための生産流通システムの開発が必要であり、顧客ニーズを正確に捉えるシステムのための生産者の協力が必要である。ゆずビジネスでは、商品開発において顧客ニーズを把握することは必要である。しかし、顧客の協力有無によるビジネスの安定化要素はバイオマスプロジェクトと比較すれば小さい。

③第3段階：リスクを取る

農業経営の安定化を図るため、燃料供給、燃料価格、初期投資に関わる保証を与える必要があった。特に燃料は県外企業に依存することとなり、ここでも金銭的に大きなリスクを負った。例えば、技術の実用化開発段階でボイラーのユーザーに協力してもらうためには、ユーザーから経済的リスク回避のための保証要求がある。この保証が地方の小規模事業者にとっては大きな負担となる。葉っぱビジネスでは、ビジネスの特性として、技術実証が必要ないため、保証リスクに関する不安定要素は存在しない。ゆずビジネスのビジネス特性は、半官半民プロジェクトの側面が強く、技術確立のための実証協力について官が一定のリスクを吸収することが可能である。またバイオマスビジネスに比べれば保証リスクは小さい。

④第４段階：戦略選択

効率的な木質バイオマスバーナーの製品開発が一定レベルの成果を上げ、競争優位な技術の確立段階に入る。東京に本社を置く大手機械メーカーが圧倒的に優位であったが、農家との地道な協力関係によりその状況を乗り越え、同時に、産業クラスタービジョンの形成段階に入った。産業クラスターの安定性を確保するための効率性の水準についても考える必要があった。重油の値段が木質ペレット相当まで下がった場合でも、個別農家の経営も産業クラスターも安定化する水準を目指した。技術・商品・サービスの優位性確保は、市場での競合関係において優位性を発揮するだけでなく、産業クラスターの安定化や、地域への価値創造および波及効果の創出を生み出すために必要なビジネスプロセスである。

葉っぱビジネスでは、市場の規模そのものが小さく、模倣ビジネスが参入するまでは競合関係はほとんどない。一定レベルの品質と納品対応の高度化によりシェアの確立が可能であり、売り手と顧客の関係が安定するビジネスである。また、そもそも産業クラスター的な発想そのものを必要としないためビジネスクラスターの不安定要素はほとんどない。ゆずビジネスは、コストや品質における優位性の確立よりも、地域そのもののブランド化による差別化戦略により売り手と顧客の関係を安定化させている。

⑤第５段階：市場規模確保と顧客からの認知

ビジネスの安定化のためには、一定規模の需要者（農家数）と一定規模の供給者（ペレット工場）が存在することが必要であることがわかった。産業クラスタービジョンの各参画者の相互協力と相互利益調整も、ビジネス安定化には必要条件であった。これらのクラスターの3層構造（事業間関係、組織間関係、相互利益）を確保する必要があることを確認した。葉っぱビジネスでは、原料供給に関して競合関係は存在せず、これに関して供給が不安定化する要素はほとんどない。そもそも主要な利害関係は売り手と顧客の二者のみで成り立つビジネスであり、産業クラスタービジョンの形成を必要としないビジネスモデルである。ゆずビジネスにおいては、農家と消費者以外に農協や地元自治体などより多様な利害関係がビジネスモデルを形成しており、産業クラスタービジョンの形成はビジネスの安定化に必要となる。また、市場形成に関して、葉っぱビジネスでは、商品（あるいは技術）の経済性や品質について、一から顧客に認知してもらう必要性は低い。しかし、バイオマスビジネスやゆずビジネスでは、これらについて顧客に認知してもらう必要性が高い。この点ではバイオマスビジネスやゆずビジネスのビジネスプロセスにおけるハードルは比較的高いものといえる。

⑥第6段階：競合関係の顕在化

産業クラスター形成に必要なクラスター3層構造の安定化には、さまざまな障害が伴った。先進的な農家と保守的な農家との関係、農家とJAとの利害関係、利益が明らかになった段階での地方自治体との競合関係、大手機械メーカーとの競合関係、高知県などの地方自治体の民間企業に対する対応方法など、さまざまな相互関係が複雑に関連しており、産業クラスター全体が不安定化する要因は多い。

⑦第7段階：組織間関係の調整

産業クラスター形成段階において、各地方自治体で小規模なペレット工場が乱立し始めた。われわれの試算では到底経営が成立しない規模であったが、木質バイオマスビジネスが成功する可能性が見えてきた段階で、各地方自治体が地元企業を支援する形で高知県から補助金を獲得していった。葉っぱビジネスにおいては、売り手である地域住民と顧客である料亭の二者である。よってビジネスモデルにおける利害関係者の調整は、この両者間のみであり関与者の相互関係によるビジネスモデルの不安定化要素は非常に少ない。ゆずビジネスにおける利害関係者は、ゆず栽培農家、地元農協、地元自治体、マーケティング等企画会社である。葉っぱビジネスと比較して、やや複雑となる。特にビジネスが一定の成功を収め軌道に乗るまでは、原料供給者である生産農家との協力関係の構築・維持がビジネスの不安定要因となる可能性が高い。ただし、地域性として経済的に困窮した中山間の非常に小さな村であったことが、ある時点で地域の結束を生み出す要因となったことが想像され、この点はより多様性に富む地域においてはビジネスのハードルはより高くなるものと考えられる。

⑧第８段階

木質バイオマスシステムへの補助を継続した結果、現在おおむね160台のシステム導入が進み、当初考えていた最小限の需要者を獲得するに至っている。さらに高知県外の需要者開拓に向けてビジネス拡大を実施している。

これらの事業化プロセスをモニタリングして明らかになった事実は、組織間関係の複雑さとその変化である。一般的に、事業構想の初期段階では組織間の関係は良好であり、ビジネスモデルを描くことが比較的容易である。しかし、具体的に事業形成を始めた段階でさまざまな組織間の利害関係、リスクの分配、資源を通じた支配関係、既存組織の枠組みの縛りなどが見えてくる。これらが事業化を阻む要素となって顕在化してくる。高知県のバイオマスビジネスの事例では、事業推進者が相当のリスクを取って初期の組織間関係を構築している。

次に、事業が具体化する段階になると、さまざまな利害や各組織に対する影響が明らかになってくるので、さらに厳しい組織間のせめぎ合いが生じる。成熟した市場であれば市場原理も基づく健全な競争であるが、競争が成立する程に事業者が存在しない場合は、組織間の支配意図と利害関係がむき出しになる。つまり、地方においては、地域ビジネス創造期には市場における競争状態ではなく、組織間におけるさまざまな関係のせめぎ合いや調整の状態が現れる。

地方における地域ビジネス創造においては、組織間の関係が１対１である場合も少なくない。したがって、競争環境における市場原理ではなく独占状態の原理が働くことになる。１対多数の独占状態であれば独占企業の行動に関する経済理論が成立するが、1対1の関係においては人対人の調整原理しか働かない。

地方における地域ビジネス創造において組織間関係が非常に重要である理由がここにある。馬路村の事例でも述べたが、組織間あるいは利害関係者間の良好な関係がビジネス創造にとって非常に重要であり、信頼関係が存在する良好な関係性があれば効率的に短期間にビジネス創造ができる。本来、地方に必要とされているのは、さまざまな制度的制約や利害関係が前提となっていても、良好な組織間関係を構築できる方法論である。

第5節　人・組織・経営管理の問題

1. 人と組織の問題

①地域の人や組織の一体化が生み出すメリット

馬路村は、ゆずビジネスで全国的に有名である。地域ビジネスが成功した地域では、その地域に住む人や組織が自分の役割をよく理解し、目的に向かう同一のベクトルで行動するため気持ちが一体化している。馬路村のゆずビジネスは、現在の成功まで30年以上の歳月がかかっている。上《かみ》治《じ》堂《たか》司《し》村長は「初期は村民の主義主張がバラバラで、村内各組織も仲が悪かった。現在の美しく語られている成功ストーリーは後付けであり、ビジネスが軌道に乗るまでの約20年間の人的・組織的苦労があり現在がある」と述べている。

地方の人々は、概して成功するか否か不明のプロジェクトに対して保守的であり、協力を得難い場合が少なくない。馬路村は一定レベルの事業的成功に至るまでに、利害関係者のベクトル合わせと一体化に多大な時間と苦労を要した。バイオマスプロジェクトにおいても、利害関係者の調整において大いに苦労を伴った。また、葉っぱビジネスで有名な上勝町のいろどり事業は、馬路村に比して短期間で一定レベルの事業化に成功している。これは、ビジネスそのものにおける利害関係者が比較的少なく、その調整に馬路村ほどの時間や労力を要しなかった可能性が高いと思われる。

地方におけるビジネスにおいて一定レベル以上の事業成果を得るためには、いかにして地域の関係者のベクトルを一致させ、組織を一体化させるかという方法論を考える必要があるとわれわれは考える。

②地域の利害関係者の協調と協力

地域ビジネスのプロジェクトにおいて、何らかの技術を中核としてその開発・効率化を進めて、一定レベルになるまでのビジネスは成功するケースは多い。しかし、そこから次のステージに進むためには、マネジメントの機能設計や地域社会の需要システムの設計を行う必要があり、そのハードルは高い。芸西村のバイオマスプロジェクトでは、まず技術の開発から始まり、地域マネジメントシステムを構築し、これを地域に定着させるという所まで手がけた。理論的には、バイオマスクラスターによる地域のビジネスモデルと、市民の意識構造のロジックモデルとを構築した。この意識構造ロジックモデルとビジネスモデルを地域に研究として還元することによって、地域活性化に相まって、さらに結果をモデルに取り込み、優れたバイオマス産業クラスターと新たなビジネスを創出することになる。さらには、もう少し正確な意識構造ロジックモデルを構築することで、次の戦略として、顧客の求めに対応してきたのである。

2. 組織間関係論による理解

どのような事業やプロジェクトであっても、組織間の協力なしには実現しない。組織間関係論は、組織間の関係性を分析する学術分野であり、その中ではパースペクティブといわれる組織間関係を分析するための５つの観点が示されている。

①資源依存パースペクティブ

②組織セットパースペクティブ

③協同戦略パースペクティブ

④制度化パースペクティブ

⑤取引コストパースペクティブ

このなかで、地域ビジネス創造において特に重要な観点を与えているのが“①資源依存パースペクティブ”である。木質バイオマス事業を例示するとすれば、資源としての木材の獲得が最重要である。その資源を所有している山林所有者や中間に入る木材事業者は、利益を最大化するために木質バイオマス事業者を依存させる組織間関係を成立させようとする。木質バイオマス事業者は、逆に依存・支配される関係性のなかで維持されることになるので、何とか組織としての自律性を保持しようとする。これが“②組織セットパースペクティブ”であり、他組織の資源を使った支配から逃れようとする。木質バイオマス事業の事例では資源としての木材は最重要であり、“⑤取引コストパースペクティブ”においていかに組織間関係を構築するかを考える。市場環境にもよるが、取引コストが低いことを目指すのが通常であり、“①資源依存パースペクティブ”と深く関係するなかで、最適な組織間関係を模索する。市場が形成されていない新しいビジネス創造の場合、市場原理が機能しないので組織間関係あるいは“①資源依存パースペクティブ”が大きな影響を及ぼすことになる。

模索される組織間関係のなかで影響力が強いもう1つのパースペクティブに“④制度化パースペクティブ”が存在する。地方においては、狭い範囲での限られた関係者間の関係性でビジネス創造が行われることが多い。したがって行政や利益団体などの公的権力を有する組織が形成するルール・制度の下において組織間関係の形成を求めてくる。このような場合、ビジネス創造を行う事業者は相当な制約の中におかれることになる。場合によっては事業を断念せざるを得ない場合も多い。ここで言えることは、地方では狭い範囲での限られた関係者によるビジネス創造が多いので、既存の社会・文化などの“④制度化パースペクティブ”が都市部と比較して強いということである。

このように組織間関係論によって地域ビジネス創造における組織間関係の構築メカニズムを説明することは可能であり、事実、ここで述べた現象が具体的なビジネス創造において展開されている。組織間関係による地域ビジネス創造の分析は、かなりの程度、地域に根差している現象や課題の根拠を的確に指摘できると考える。

第6節　事業創造と顧客創造

1. 都市部と地方部の違い

都市部と地方部でのビジネス環境の違いを的確に認識し、地方において存在しない要素を補完しないと地方では規模の大きい事業形成は成立しないことになる。地方にはビジネス形成に必要な産業インフラや産業クラスター、さらには成熟した市場や強い需要が十分には存在していないのである。

地方の産業振興あるいは事業形成には、事業創造と顧客創造（“鶏と卵”）を同時に実施する必要がある。しかし、このような事業展開を民間単独では実施は難しい。既存の枠組みの存在や同時展開に付随する大きなリスクを克服できる確率が低いためである。地方で実現している事業形成の成功事例としては、少なくとも初期段階において利害関係者およびリスク要素が少なく、産業連関による広がりの小さい事業が多い傾向にある。

徳島県上勝町の「いろどり事業」は、葉っぱの供給先である料亭を開拓した。馬路村の場合は、ポン酢などの最終消費財を取り扱うため、市場開拓することのみに注力するのではなく、一定レベルまで製品の品質向上に重点的に注力してビジネスを事業化させた。

バイオマスビジネスは、一定レベルの事業規模を追求したこともあり、需要家を自ら開拓し、クラスターにおける生産、需要、供給に至る諸要素を一体的に同時に構築する必要があった。

2. 地方のベンチャー経営論

グレイナーに代表されるベンチャーを対象とした経営論「グレイナーの５段階企業成長モデル」（グレイナー著、藤田訳, 1979）では、既存の出来上がった企業・組織や市場を扱うのとは異なる論理展開が必要であると理解されている。しかし、そのなかでは組織の年齢、規模、進化諸段階により創造期からの成長段階の説明を試みているだけであり、地方における中心的な課題構造に踏み込んでいない。特に地方においてベンチャー企業が地域にとって意味ある規模のビジネス創造を行うためには、グレイナーとは違うアプローチで創造期に絞った段階論を展開する必要がある。

①事業構想段階

地方の資源の付加価値をいかに高めてビジネス創造するのかを考える最初の段階である。地方においては、この段階での豊かな発想は豊富にあるし、外部の視点を借りた展開も十分に可能である。スモールビジネスであれば十分に実現可能となる。しかし、この段階で困難なのは、一定の規模を伴った事業創造の構想である。価値創造の発想の具体化はいかに関係者や、組織間連携を発想できるかにかかっている。そのような発想が生み出せればこの段階を通過することは可能である。

②組織間連結段階

組織間連携によるビジネス創造の段階に至ると、前述した組織間関係論で説明されるさまざまな組織間関係による調整が必要となってくる。主に課題となるのが組織間連携で生じる価値創造の配分問題である。しかし、この段階では協力関係は構築される方向である。

この段階で困難なのは、価値創造を関係者に認識してもらうことである。事業規模が大きくなり、組織や関係者が多数になると認識してもらうことがより困難になるのが一般的である。また、利益およびその配分、リスクおよびその程度なども認識できない要素であり、組織間関係を合意できたとして、その次の段階への具体化に進むことに困難を伴うのが一般的である。

③組織連携具体化段階

この段階に至ると、さまざまな利益配分やリスクに関わるビジネス創造に向けた具体的な課題が検討される。どのようなビジネスであっても困難な段階であることは理解できる。しかし、この段階で生じる課題は、事業創造と顧客創造（“鶏と卵論”）である。通常のリスクとは違い、市場そのものを創造することになるので、信用力や資本力の乏しい地方の企業にとっては困難な段階である。資本力があり初期段階の赤字を維持できる、または信用力で組織間関係を維持できる大企業であれば可能かもしれないが、地方の中小企業にできることには限界がある。

実際には、多くの地方企業や地方自治体が試みる事業において、この段階の困難さを認識せずに次の段階に進むことで失敗するケースが多い。つまり、事業創造は行うが顧客創造（市場形成）は自発的・自律的にできるとの錯覚から“鶏と卵”を同時に創造することができずに破たんするケースが多い。信用力や資本力の乏しい地方企業を支援する地方自治体の存在が大きな意味を持つ段階でもある。

④組織連携安定化段階

組織間連携を構築した後に、安定的に機能させる取り組みが始まる。地方の中小企業にとっては厳しい段階であり、地方自治体などの公的支援などが最も有効に働く段階である。また、組織間関係論で言及した“制度化パースペクティブ”による組織間関係の安定化も地方自治体による重要な役割であると考えられる。

また、事業が始動して順調に成長することを関係間組織に認識してもらう重要な段階でもある。

以上のように、グレイナーが「5段階企業成長モデル」において第1段階であると定義したビジネスの創造期は、実際にはさらに4段階に分けて説明したとおりの複雑なプロセス構造を有していることが分かる。ここで説明した①～④の4段階における各要素を克服することが、本当の意味での地方ビジネス創造にとって重要であると考えられる。

第3章
地域活性化の現状と課題
——内閣府による取り組みから——

全国の大学で展開されている地域活性化システム論は、内閣府地方創生推進事務局が統括し、講座を実施する主催大学に対して、中央省庁からの講師派遣などの対応をしている。高知工科大学における地域活性化システム論では、毎年「地域活性化の現状と課題」のテーマで、まず内閣府地方創生推進担当参事官に講演をしていただき、公開講座をスタートしている。本章では、2019年度の内閣府地方創生推進事務局の担当参事官による講義を中心に内容を振り返る。

第1節　地方創生の現状

平成26（2014）年11月28日に公布された「まち・ひと・しごと創生法」は、少子高齢化の進展に的確に対応し、人口の減少に歯止めをかけるとともに、東京圏への人口の過度の集中を是正し、それぞれの地域で住みよい環境を確保して、将来にわたって活力ある日本社会を維持していくために、まち・ひと・しごと創生に関する施策を総合的かつ計画的に実施する、という目的の法律である。まち・ひと・しごと創生とは、以下を一体的に推進することである。「まち」とは、国民一人一人が夢や希望を持ち、潤いのある豊かな生活を安心して営める地域社会の形成、「ひと」とは、地域社会を担う個性豊かで多様な人材の確保、「しごと」とは、地域における魅力ある多様な就業の機会の創出である（**図3-1**）。

まち・ひと・しごと創生本部の事務局は、内閣府官房にある。内閣府の地方

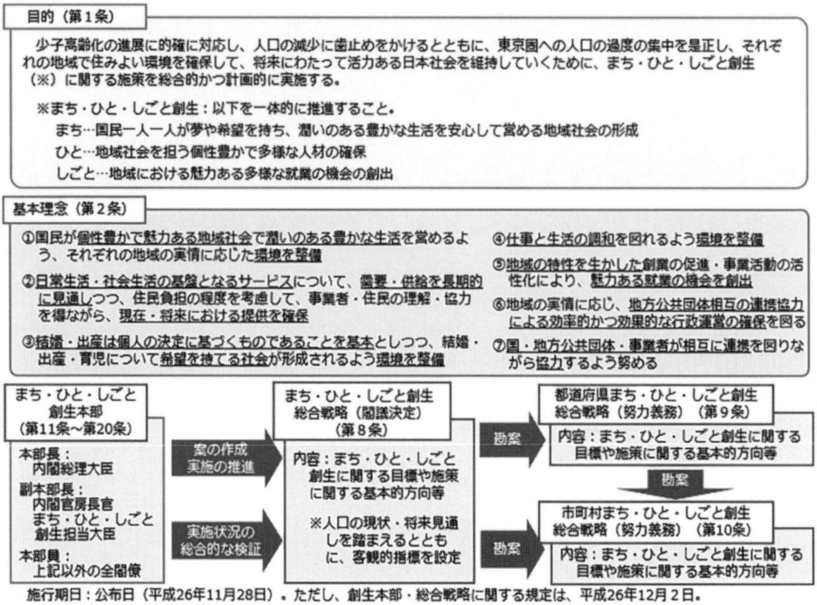

図3-1　まち・ひと・しごと創生法の概要

創生推進事務局と内閣官房のまち・ひと・しごと創生本部が一体となって、地方創生の推進に向けた施策に取り組んでいる。まち・ひと・しごと創生法という法律が平成26（2014）年に公布された。その目玉は、総合戦略というのを作るということで、国、都道府県、市町村のそれぞれが、きちんと戦略を作って地方創生に取り組むことになっている。

第1期の地方創生の取り組みは、ほぼすべての地方公共団体で「地方版総合戦略」を策定し、取り組みを推進している。国は、情報支援・人材支援・財政支援（「地方創生版・三本の矢」）等を実施している。現在の日本では、人口減少と少子高齢化の中で、総人口は2008年をピークに減少局面となっている。生産年齢人口や出生数も減少している。また、人口の東京一極集中が継続しており、東京圏の人口が日本国内の全人口の3割占めている。地域経済も雇用所得環境は改善する一方で、中小企業の人手不足が深刻化しているなどの問題がある。

高齢者人口は、2042 年にピークの見通しである。また、情報通信技術の進展、リニア中央新幹線の開業に伴うスーパー・メガリージョンの形成などが予定されている。わが国の人口の推移と長期的な見通し（暫定推計）によれば、1970 年代半ばの第 2 次ベビーブームから右肩下がりという状況が続いている。都道府県別の合計特殊出生率には特徴がある。合計特殊出生率が人口置換水準（人口規模が維持される水準）を下回る状況が、1974 年の 2.05 以降、40 年以上にわたり続いている。一都三県、大阪圏、北海道や東北の一部等で相対的に低く、北陸から中部、中国四国や九州で相対的に高い傾向が大きく変わっていない。

国立社会保障・人口問題研究所「日本の将来推計人口（平成 29（2017）年度推計）」（出生中位（死亡中位））によると、2060 年の総人口は約 9,300 万人まで減少すると見通されている。仮に、合計特殊出生率が 2030 年に 1.8 程度、2040 年に 2.07 程度（2025 年には 1.6 程度）まで上昇すると、2060 年の人口は約 1 億 200 万人となり、長期的には 9,000 万人程度でおおむね安定的に推移するものと推計される。

戦後これまで、1970 年代のオイルショック期（1973 年の第一次オイルショック、1979 年には第二次オイルショック）、1980 年～ 1990 年代のバブル崩壊期、2000 年～現在の 3 期にわたって、地方から大都市（特に東京圏）への人口移動が生じてきた。年齢階層別にみると、10 代後半 20 代の若者が占めており、大学等への進学や就職がきっかけになっていると考えられる。東京圏の転入超過数は、かつては、転入超過が多いときは男性が女性を上回り、少ないときは女性が男性を上回る状況がみられた。バブル崩壊後以降は男女差がほぼみられない状況が続いていたが、リーマンショック、東日本大震災以降は、女性が男性を上回って推移している。転入超過数の状況を男女別にみると女性の方が多く、転出者数は男性が多い。女性の「転出者数」が少ないことから「女性は転入しても戻らない」傾向が示唆される。

全国の都道府県や市町村で策定している地方総合戦略について概観する。地方版総合戦略の策定に当たって、総合戦略推進組織等で外部有識者が参画している地方公共団体の状況をみると、9 割超の地方公共団体で産官学金が参画している。地方版総合戦略の効果検証に当たって、検証機関等で外部有識者が参画している地方公共団体の状況を見ると、8割超の地方公共団体で産官学金が参画している。地方版総合戦略の効果検証を実施している地方公共団体は、92.0％となっている（都道府県：100％、市区町村：91.8％）。効果検証の実施頻度は、「年に1回」の団体が81.5％、「年に2回以上」の団体が9.4％となっている。

KPI（Key Performance Indicator：重要業績評価指標）という成果指標がある。各分野におけるKPIの目標設定の状況をみると、「経済産業」や「観光」、「子ども・子育て」、「移住・定住」で9割超の地方公共団体が目標設定している一方、「交通ネットワーク」では7割弱となっている。各地方公共団体は、地域の実情に応じて、独自の体系でKPIを設定しており、これらを独自の基準により自己評価していることに留意が必要である。各地方公共団体のKPIの進捗状況（自己評価）をみると、「子ども・子育て」では順調に推移（S～B評価）していると自己評価している割合が81.2％と高くなっている一方、「結婚・出産」では47.1％と低くなっている。効果検証を実施している地方公共団体では、すべての分野において、効果検証を実施していない地方公共団体に比べて、順調に推移（S～B評価）していると自己評価している割合が高い。

地方版総合戦略の策定によって効果があった内容をみると、「地域の将来像について考えるきっかけになった」が78.1％と最も高く、次いで「人口減少問題に対する庁内外の意識が高まった」が66.3％となっている。

第2節　地方創生に関する施策について

第1期「まち・ひと・しごと創生総合戦略」は、2014～2019年の施策であった。2020～2024年にかけて実施予定の第2期「まち・ひと・しごと創生総合戦略」が進んでいる。基本的に第1期を継続する方向性であるが、第1期での地方創生について継続を力にし、より一層内容を充実させるということで、従来の4つの基本目標は維持する。その中で、新しい視点を導入するという形で進めていく。

その新たな視点とは以下のようなものである。まず地方へのひと・資金の流れを強化することである。将来的な地方移住にもつながる「関係人口」の創出・拡大を狙う。企業や個人による地方への寄附・投資等を用いた地方への資金の流れを強化する。２点目は、新しい時代の流れを力にするということである。Society 5.0（サイバー（仮想）空間とフィジカル（現実）空間を高度に融合させたシステムにより、経済発展と社会的課題の解決を両立する人間中心の社会（Society））の実現に向けた、最先端の技術を使うということである。また、SDGs（Sustainable Development Goals：持続可能な開発目標）を原動力とした地方創生や、「地方から世界へ」というPRにも注力する。３点目は、人材を育て生かすことである。地方創生の基盤をなす人材に焦点を当て、掘り起こしや育成、活躍を支援する。そして、地方公共団体に加え、NPOなどの地域づくりを担う組織や企業と連携する。また、誰もが活躍できる地域社会を目指す。女性、高齢者、障害者、外国人など誰もが居場所と役割を持ち、活躍できる地域社会を実現する。最後に、地域経営の視点で取り組む、地域の経済社会構造全体を俯瞰して地域をマネジメントすることを目指す。

地域企業の経営課題の解決に必要な人材マッチング支援を抜本的に拡充し、地域人材支援戦略パッケージを推進する。具体的には、地域金融機関等による地域企業の人材ニーズの発掘の強化、人材の送り出し元となる東京圏の企業の開拓・連携強化等により、副業・兼業等も含めた多様な形態による地域への人材供給を大幅に拡大する。

また、各道府県は、潜在成長力ある地域企業に対し、プロフェッショナル人材の採用支援活動を行う、「プロフェッショナル人材戦略拠点」を設置し、平成28（2016）年１月頃から、本格的に活動を開始した。各拠点は、地域企業の経営者を対象に、成長戦略や人材戦略への関心を引きつけるセミナー等の活動を展開しつつ、成長が期待される企業に個別に接触し、経営者に「攻めの経営」と新たな事業展開を促すことで、プロ人材に対する有望かつ明確なニーズを発掘し、人材市場に発信する。地域金融機関や各種支援機関等とも、有望企業の発掘やその成長戦略の策定などで積極的に連携。各地の拠点同士で協力しながら、都市部の大企業との人材交流の推進や、都市部のプロ人材に対する地域経済の潜在力アピールなどの活動を展開する。日本人材機構や、人材ビジネス事業者とも密接に連携しつつ、さまざまな形で、プロ人材の還流実現に取り組む。また、金融機関による地方版総合戦略の策定・推進に関わる関与状況等を把握するとともに、地方創生に資する特徴的な取組事例を収集・共有することにより、地方公共団体と金融機関との連携強化や、国の総合戦略の進化・深掘り等に繋げることを目的としている。モニタリングの調査結果をとりまとめるとともに、収集した取組事例から「地方創生に資する金融機関等の特徴的な取組事例」を選定し、平成28（2016）年度から地方創生担当大臣による表彰を実施している。

また、地域において地方創生の担い手組織が増加している。その一方で、地域再生法に基づき地方公共団体が指定している地域再生推進法人は全国で20法人（平成30（2018）年3月末内閣府調査）のみである。さまざまな取り組みを行う組織を、①取り組み内容等に応じて類型化のうえ見える化し、②全国的なネットワークの構築によるノウハウの横展開を可能にすることで、地方創生を担う組織・人材を更に増大させることをめざしている。

さらに、地域商社協議会という取り組みもある。農産品、工芸品など地域に眠る魅力ある産品やサービスを発掘し、生産者に代わって販路・市場を開拓する。交渉力を持って流通と調整することにより、価値に見合った価格での販売を行い、市場から従来以上の収益を生産者にもたらす役割を担う。地域商社事業の創設を目指す地域の関係者や、実践している事業者を全国から集め、先進的な事例発表や知見の提供等を通じ、全国における地域商社事業の確立を促す。ワーキンググループ活動等を通じた地域間、事業者間の知見の交流・人脈の形成を促し、地域商社事業に関わる新たな連携モデルの促進を図ることで、全国の地域商社事業の拡大と底上げを図る。

地域経営の視点で取り組む街づくりとして、スマートシティがある。AI、IoTなどの新技術や官民データの活用により、都市・地域課題の解決を図るスマートシティの取り組みについて、モデル事業の実施や、官民連携のプラットフォーム構築等により推進する。また、MaaS（Mobility as a service：マース）とは、交通事業者間のデータ連携に関するルール整備や、シームレス化に必要な交通結節点整備等により、MaaSなどの新たなモビリティサービスのモデル構築や社会実装を推進するものである。

地方創生の深化に向けては、中長期を見通した持続的なまちづくりに取り組むことが重要である。地方公共団体におけるSDGsの達成に向けた取り組みは、地方創生の実現に資するものであり、その取り組みを推進することが必要である。地方創生SDGsは、第2期まち・ひと・しごと創生総合戦略における新たな視点として、「新しい時代の流れを力にする」という項目に位置付けられている。地方創生SDGsの実現に向けては、地方公共団体の取り組みが重要となるため、普及促進活動の展開や、SDGs未来都市の選定、モデル事業形成への資金的支援を継続する。さらに、地方公共団体のみならず、民間企業、金融機関などの多様なステークホルダーによる官民連携プラットフォームの取り組みを一層活発化させるとともに、金融面からも地方創生SDGsを推進する。

中長期を見通した持続可能なまちづくりのためには、地方自治体によるSDGsの達成に向けた取り組みを推進し、日本の「SDGsモデル」を構築することが重要である。内閣府では、2018年度より経済・社会・環境の3側面における新しい価値創出を通して持続可能な開発を実現するポテンシャルが高い都市を「SDGs未来都市」として選定し、そのうち特に先導的な取り組みを「自治体SDGsモデル事業」として選定している。2018年度は、「SDGs未来都市」を29都市、うち「自治体SDGsモデル事業」10事業を選定し、2019年度は、「SDGs未来都市」を31都市、うち、「自治体SDGsモデル事業」10事業を選定した。合計で、「SDGs未来都市」60都市、うち「自治体SDGsモデル事業」20事業を省庁横断的に支援し、成功事例の普及展開を図っているところである。

次に、「地方創生SDGs官民連携プラットフォーム」について説明する。2018年8月、SDGsの国内実施の促進、SDGsの達成と持続可能なまちづくりによる地方創生の実現に向け、「官民連携の場」として、「地方創生SDGs官民連携プラットフォーム」を設立した。2018年8月末の設立総会時点では、434団体だったが、その後も新たな会員の参加が継続してあり、2019年8月20日時点で、全都道府県・全政令市を含む925団体に参画いただいている。「地方創生SDGs官民連携プラットフォーム」では、①マッチング支援、②分科会開催、③普及促進活動、の取り組みを行っている。地方創生SDGsの達成に向けては、多様なステークホルダーによる連携が必要不可欠である。また、地方創生SDGs金融を通じた自律的好循環を形成させるためには、金融機関等の関わりが重要であり、地域社会への資金の還流と再投資を行うことが重要である。地方創生SDGs金融の実現に向け、内閣府では、今年度具体的な検討を進めていく。

まち・ひと・しごと創生総合戦略において、地域の「稼ぐ力」や「地域価値」の向上を図る「稼げるまちづくり」を推進することとした方針を受け、内閣府において、地方都市における「稼げるまちづくり」の有望事例を「地域のチャレンジ100」としてとりまとめ、公表する。

稼げるまちづくりの1つの手法として、不動産の流動化・証券化によって、地域で眠る不動産を「稼げる不動産」、「地域価値を高める不動産」としている事例をとりまとめ、公表している。本事例集では、3つの分野で14事例を紹介。例えば、遊休市有地を活用して不動産証券化手法により官民複合施設を整備した事例などを紹介する。まちづくりに取り組む民間の担い手など多くの方々の参考として頂きたい。不動産の証券化とは、一般的には、不動産の保有のみを目的とする特別目的会社に不動産を移した上で、当該不動産から得られる賃料収益を原資に資金調達を行う仕組みである。①事業者が自らの信用力に依存した形で資金調達を行わなくても、不動産事業の収益力・信用力に依拠した資金調達が可能となる。②資金調達にあたっては小口化した出資持分（有価証券）の形で投資家を募ることで、投資家が小口の投資資金であっても不動産に直接投資するのと同様に利回りを得られる。

地域経済分析システム（通称：リーサス）は、地方創生を情報面から支援するために開発された、地域に関するさまざまなデータを集約し、地図やグラフなどに見える化したシステムである。各地域の経済や産業の情報が自治体ごとにマップで表示され、その地域において秘めている成長の可能性を発見することを後押ししている。例えば、産業構造マップでは売上高が表示され、経年変化を比較することで成長産業を発見することができる。インターネットからフリーアクセス可能で、誰もが無償で閲覧できる。

地方版総合戦略の実行段階においては、地方創生リーダーの人材育成・確保等が重要である。内閣府では、地方創生カレッジ事業を平成28（2016）年12月に開講し、実践的なカリキュラムをｅラーニング形式で幅広く提供するほか、必要に応じて実地研修も効果的に取り入れることで、地域における地方創生人材の育成を支援している。受講者数は、当初目標にしていた1万人を超えて現在は1.9万人超まで順調に拡大し、地域、年代、職業を問わず幅広い層にご利用いただいている。

ｅラーニングの提供講座数は、新たに生じた施策に対応する講座を追加し、合計162講座まで拡充している。講座は基盤編と専門編に分かれており、各分野の地方創生人材の第一人者や専門家などによる幅広いラインナップが網羅的・体系的に整理されてきたことで、受講者の順調な拡大に寄与している。

また、地方創生に携わる関係者が、ｅラーニング受講で習得した知識を基に、現場での実践力を高めていくため、相互に知見を共有し、アイディアを提案するためのプラットフォームとして地方創生「連携・交流ひろば」を開設し、コンテンツの大幅拡充と普及に取り組んでいる。地方創生に関する質問・悩みなどを投稿すると、各界の鉄人や有識者が回答する交流掲示板など、全国各地で活躍する地方創生人材の交流が促進し、新しいアイディアの創出の場となることが期待されている。

【付記】本章は、川﨑博様（内閣府地方創生推進事務局参事官）のご講演（2019）「地域活性化の現状と課題」（内閣府連携公開講座地域活性化システム論2019年10月14日、高知工科大学香美キャンパスC102において実施）の内容をもとに桂信太郎が起稿したものである。内閣府地方創生推進事務局様には、本稿のチェックと記載の許可を頂きました。記載の責任は起稿者にあります。

第4章 地方における農業ビジネスの可能性

第1節　農林水産省による地域活性化への取り組みと課題

1. 農林水産省ビジョン・ステートメント

農林水産省ビジョン・ステートメントは、「わたしたち農林水産省は、生命《いのち》を支える「食」と安心して暮らせる「環境」を未来の子どもたちに継承していくことを使命として、常に国民の期待を正面から受けとめ時代の変化を見通して政策を提案し、その実現に向けて全力で行動します。」である。ビジョン・ステートメントは、民間企業でいう社訓にあたる。ポイントは後半で、「時代の変化を見通して政策を提案し、その実現に向けて全力で行動します。」が国家公務員として重要な部分である。以上を踏まえ、本節では全体をとおして説明していこうと思う。

まずは「生命を支える食」についてであるが、「食」に「生命を支える」という修飾語がついている。この意味は、食が安全であるということ、毎日食べることのできる十分な量があること、おいしいこと、そして価格面や買い物という意味でも容易にアクセスできること、こういうことが大事であると示している。

そして「食の安全」とは、リスクの科学的評価とそれに基づく適切なリスク管理といった科学技術をベースにした仕事である。安全と安心は同じではなく、「安全」は科学的にリスクを評価して、「そのリスクに基づいて適切にリスクを管理することである。一方、「安心」は、心理的な判断を伴うものであり、安心してもらえるように情報提供や事業者あるいは行政機関が誠実に取り組んでいるか、そのような信頼という分野を加えることによって安心になるという考え方である。

わが国の食品安全行政には役割分担があり、リスクの評価、すなわち、科学的にどれくらいのリスクがあるか、ということに対する評価は、内閣府にある食品安全委員会が担当し、この評価されたリスクに基づいて実際にリスクを管理していくのが農林水産省と厚生労働省の役割である。

リスク管理には主に2つの方法があり、第一の方法は、基準値を設定してそこから外れたものは市場に流通させないように規制する方法である。例えば、商品のサンプルを持っていったときに有害な物質の含有濃度が基準より超えたものは市場に出さない、あるいは出したら罰則を課す。それがリスク管理の1つの方法であり、主に厚生労働省が担当している。考慮すべき点は、リスクの評価は食品安全委員会が行うことであるが、基準値をどこに設定するかは技術的な実現可能性を検討することが重要となる。基準値が合理的な範囲でないと商品のすべてを市場から排除してしまうといったことにもなりかねず、それではそもそも物がなくなってしまうという話になる。また、基準値が絵に描いた餅にならないということも重要である。基準値を設定しても分析する方法がなければ書いただけになり、世の中の実態と仕組みが乖離する。基準値の設定にはこのようなことも考えなければならない。

第二の方法は、生産方法や製造方法を改善することによって、結果としてのリスクを低減する取り組みである。主に農林水産省が採用しているリスク管理の方法である。

1つの事例を紹介すると、アクリルアミドという有害物質がある。これは、食品中に含まれるアスパラギンというアミノ酸や還元糖を揚げたり焼いたりすることでできる有害物質で、いろいろなものに入っている。アクリルアミドが入っているから即健康被害が発生するということではなく、日々の生活や一生涯を通じて摂取されるアクリルアミドの量をできるだけ低減していくということが必要なのである。なおかつ、アクリルアミドは自分で調理しても、例えば、野菜を炒めただけでも普通に生成されるものであり、むしろ、アクリルアミドができる反応、アミノ・カルボニル反応というが、これはおいしそうな色、におい、香りをつけるということで、食品製造において重要なポジティブな反応でもある。しかし、アクリルアミドが生成されるというネガティブな部分もある。これをどう抑えていくかということが非常に大切である。

例えば、ポテトチップスの製造でアクリルアミドの含有量をどのように下げていくのかを考えるとき、生産段階においては、原料となるジャガイモの品種を選んだり、貯蔵中の温度を調整したり、また、製造・加工段階においては、前処理や加熱調理温度や加熱時間を工夫したり、アスパラギンを分解する酵素であるアスパラギナーゼを利用することによってアスパラギンを減らす対策をとっている。このような技術的な対策を進めていくなかで、平成 19（2007）年と平成 25（2013）年を比較してみると、アクリルアミドの濃度は確実に下がっているのである。

これは、一定の基準値を超えたものを市場から排除するのではなくて、生産から製造・加工全体をとおして、今日、流通している製品の濃度を下げるというリスク管理を行うことによって、リスクを下げる試みが行われた良い例である。

2. 食料安全保障への取り組み

次に食の「量」に関して述べる。食料安全保障という分野であるが、日本の国土は農地の資源が限られているなかで、これをどのように進めていくかを考えていくと、食料安全保障とは、単位面積あたりの生産性をどう上げていくかということにほぼ集約される。単位面積当たりの生産量を上げて食料の安全を保障していくという取り組みは、日本だけのものではなく世界共通の考え方である。

食料自給率を 1965 年と 2019 年で比較すると、カロリーベースでは 73 % が 37 % まで低下している。一方で金額ベースの方は 86 % から 66 % に低下ということで、減ってはいるがカロリーベースの減り方に比べるとはるかに緩やかな減り方になっている。この原因は農業生産額に占める米の割合が 4 割から 2

割以下と非常に下がった一方で、野菜、果実、畜産などが増えたことが理由である。全体の生産量が減ったことも自給率低下の要因の1つであることは間違いないが、やはり一番大きな原因は、食生活の変化であり、カロリーベースの自給率が低下した最も大きな理由である。だからこそ生産額ベースの低下は緩やかという状況になっているわけである。

昭和40（1965）年は供給カロリーの40％以上を米が占めており、この米の自給率は100％のため、自給率に非常に寄与している。それが今は2割くらいになり、米の自給率自体は100％に近くあるがその占める割合が減って、代わりに油や畜産物の自給率が低いものがどんどん増えていったというのが、全体の自給率を押し下げた原因になっている。また生産額ベースで見ると、例えば野菜の自給率が高く、金額ベースで高いところに維持されていることに寄与しているということである。

自給率を上げることは今の構造を考えると簡単ではない。例えば麦や砂糖の生産を増やしていけば自給率が上がるかといえば、そこには農地が必要になる。日本は1,000万ha分の農地の食品を輸入している。国内の農地は450万haであるため現在の国内の農地の2倍以上を使って日本人の食生活が成り立っているという構造にあるわけである。

世界を見回すと単位面積当たりの生産量を増やすということが、非常に重要であることがわかる。収穫面積はほぼ横ばいだが、生産量は右肩上がりでそのほとんど単収の伸びが支えているのである。世界には貧困もあり、食べられないという話も現実であるが、それでも今日の世界の人が食べていけているのは、単収の伸びが世界の人口の伸びを支えているからである。

実は食生活の変化は外国でも起きているが、例えば牛肉の生産をするためには、穀物をその10倍量作らないといけない。牛が穀物を食べて牛肉になるのでますます穀物を作っていかないといけないということである。

もう1つ考えていくべきことは食品ロスである。生産過程でも食品ロスがあり、病気、害虫が原因のもの、あるいは災害である。こういったものによるロスが相当生じている。加えて流通段階のロスも相当存在する。こういったロスを減らすことが全体の食料の供給力を上げるということになる。

また新たな食資源を探す取り組みで、例えば昆虫食があり、昆虫はタンパク質が多く生産効率が高いため、使えないかと考えている研究者や企業がある。あるいは細胞培養肉という動物の細胞を人口培地で培養して肉を生産するという技術もある。現時点で農林水産省としてこれらを推進しているわけではないが、この世界をめぐる食料の状況、すなわち、人口の増加と食生活の変化という状況がどこまで続くかを考えたとき、このような技術があることは知っておくべきである。そしてそれをどう使っていくのか、どう考えていくのかはこれからの課題である。

3. 農業と環境問題

農業と環境の観点には２つの側面がある。１つは農業あるいは農村が環境にプラスの機能を果たしているという側面である。他方、農業が環境の劣化を引き起こすマイナスの側面もたくさんある。

このことを環境と農業という観点で見ると、さまざまな産業のなかで農業は気候変動の影響を直接受ける産業であるといえる。逆に、環境の影響を大変受けやすい産業のため、農業の引き起こす気候変動は農業自身にも跳ね返ってくる。そういう意味では気候変動を緩和することのみならず、気候変動が起こるなかでそれに適応していく側面も重要であり、技術行政としてはこの気候変動を緩和するという取り組みと、気候変動に適応していくという２つの側面がポイントになる。貨幣価値で見た農業にはおよそ農業生産額と同額くらいの多面的機能の価値があるということが示されている。

一方で、農業生産が水質や大気に対して負の影響を及ぼしていることも事実である。日本ではあまり話題にならないが、農業を起因とした土壌劣化も非常に大きな問題で、世界の農地の４割で何らかの形の劣化が起きている。日本の場合は水田という農地の利用形態のためあまり意識されないが、畑作中心の世界の農地はこういう状況にあることも認識してほしい。温室効果ガスという面でも実は世界のメタンの発生源、二酸化炭素の発生源といった温室効果ガスの約４分の１は農業由来である。

農業は気候変動の影響を受けやすいという側面もあるため、その影響を緩和するためには例えば技術的にどういうことを取り組まないといけないのか。品種のこともあるが、1つここに紹介しているのが農地管理の炭素貯留であり、適切に緑肥や堆肥を土に戻すことによって大気に放出される CO_2 を減らしていくこともやっている。

4. 未来の子どもたちに継承していく

農林水産省の政策は、今の大人が利益を享受するための政策ではなく、長期的に次の世代のための成果・効果が得られる政策をやらなければならないというのがわれわれの信念である。具体的には農業の成長産業化では十分な所得が得られる産業になるのが重要で、短期的な支援だけではやはりだめで、若者に魅力を感じてもらえる産業にならなければ長続きしない。さまざまな政策をやるなかでこういった視点がちゃんとあるのか客観視することが重要である。もう1つがグローバルな視点の問題、課題を解決するという観点で実施しているかということになる。地球環境問題は、世界の食料需要や日本の課題を考えたときに国内の生産と国内貿易をどのようにバランスをとればいいのかが非常に重要である。

5. 時代の変化を見通して政策を提案

これは農業技術政策に影響を与える時代の変化を農林水産省の職員自身が見通さなければいけないということである。

構造的な変化を4つほど例に挙げてみる。まず1つは、国内の社会では人口が減ってくということである。これは決定的に産業の規模を決めてしまう。2つ目が、農業をする方にとって、高齢農業者がリタイアしていくという中で、農業技術をどのように伝えていくかという問題である。3つ目に、技術リテラシーに優れた若い方が、農業法人の経営者や従業員などのプロセスを通じて新しい担い手が出てきているということである。4つ目は、先進国の需要が成熟化する一方で、途上国の経済が非常に発展しているということや、先端技術が農業の分野で使えるようになったということである。以上のようなことをよく理解をしながら政策を提案し、大人世代だけではなく若い方に利益を享受できるような政策をしていかなければならない。

2050年には現在と比べ国内人口は約２割減り、世界の人口が約３割増えるため、今の国内の農業生産を維持する、あるいは伸ばしていこうと考えるとどうしても世界に打って出たり、世界に勝てる農業をつくったりしなければ今の生産規模も維持できないという状況になる。

一方で、担い手の状況をみると、農業従事者は減っている。地域別に見ると中山間地域での人口の割合の減少が一番高いという状況にあり、特に中山間農業地域では今後2040年までに半減する可能性がある。一方で都市的地域でも絶対数の減少は大きな影響になるであろう。新規就農者をみると、農業者全体の数は非常に減少しているが、現在は２万人程度でずっと推移してきている。輸出は増えており、特にアジア地域が1.9倍ですごく有望な市場になっているということが分かる。

6. スマート農業について

IoTやロボットといった先端技術と古来より受け継がれてきた農業の匠の技や栽培技術といったものを融合していくのがスマート農業の定義である。なぜスマート農業をやるのかといえば農林水産業において、他の産業も共通する部分はあるが、担い手が他の産業に比べて減少しており課題となっている。また高齢化の進行も他の産業に比べて早く、農業従事者の人口構成が高齢者に偏っている。こういった中で労働力不足が非常に深刻になっている。

農業の現場において傾斜地での収穫や草刈りといった重労働がある。担い手が減り、高齢者が多い現状を考えていくと省力化や負担の軽減というのは本当に大きな課題である。もう１つ別の側面では、農林水産省では農地中間管理機構という仕組みを使いながら農地の担い手への集積を進めているが、それらの取り組みもあって、現在は100 haの経営規模を持っている法人経営も非常に増えている。それは農業者一人当たりでカバーできる面積が限界に近づいていることを意味しており、その限界を打破するために技術が求められている状況にある。農業は細かい作業や年に１回しか経験できない品目も多く、なかなか外から入りにくい。学生、障害者、外国人の方にも多く活躍してもらいたいが、熟練の技術やノウハウが必要なものについてはそれらが障害となって入れないため、それを打破するようなものが必要になる。これもスマート農業を進める理由の1つである。

7. 課題を解決するための将来像

まず自動走行のトラクター、遠隔監視で動き無人で稼働するものである。4台無人でGPSで操作し、この4台ともすべて作業を変え、監視員1人が4台きちんと動いているかを見ている。これが規模の限界を打破するようなものになる。日本ですでに利用されている準天頂衛星（quasi-zenith satellites：QZS）、例えばカーナビや、個人でもランニングコースのチェックを行っている方もいると思うが、こういったものを農業の分野に応用するところまで、測位の技術が追いついてきたというのが今の状況である。

次に田植え機。田植え機も同じ準天頂衛星の測位を使った自動運転の研究開発が進み、衛星測位で熟練者並みの速度で正確に行え、その結果、省人化に成功している。

次は田んぼの水管理。このシステムはプッシュ型で水位や水温の情報がスマホに送られ、スマホを操作するだけで水管理ができる。将来的にはこれに気象データと地域のデータなどを組み合わせることによって、人の指示がなくても最適な管理ができるよう自動化するところまで考えている。

園芸分野、トマトの自動収穫ロボットである。これはAIが収穫の適期を判断し、最近のAI技術でリプライニングを使いながらできるようになり、学習しながら実施している。

中山間地域の草刈り機。草刈りは人が電動草刈り機でやっていたが危険でもあり、毎年怪我人も出ている。これをリモコン式自走草刈り機で草刈りをする。充電式である。このような技術は農業の世界というよりまさに工業の世界、機械の世界の方々が開発している。

次がドローンの活用だが、ドローンにデジタルカメラと近赤外線カメラを搭載して、具体的にはタンパク質の含有量を見て収穫の適期かどうかというのを圃場ごとに見ている。ラジコンでやると人間が操作する必要があるが、ドローンであれば最初にルートを登録しておくと、毎回決められたルートを動くようになる。このほかにもドローンには農薬の散布や、林業、他には鳥獣害対策などといろんな活用が期待されている。

8. ノウハウの見える化

みかんの摘果、みかんは全部実らせると商品にならないため、通常であれば何分の１かに減らすが、どれを取るかが非常に難しい。これを電子教材、シミュレーターで学んでいくツールである。みかんだけではなくりんご、オリーブ、トマトなど10種類以上の品目で学習ソフトが開発され、それぞれの地域でその若い後継者や新規の参入者の方に自分たち地域の品質を維持するため技術伝承の地域布教をしている。

スマート農業を支える基盤になるのがデータである。経験や熟練を数値に置き換えて農業を実施していくことであり、そのデータの連携基盤を農水省は今「WAGRI」（ワグリ）という名前で進めている。さまざまなデータが分散して所有し、それを橋渡しすることで新しい組み合わせが生まれることを期待している。

もう１つ農林水産省が今取り組んでいるのがスマート農業の社会実装であり、全国69カ所でさまざまな品目で実証している。2025年までに担い手のほぼすべての方が何らかのデータを使った農業をやっていくこと目標として進めている。

【付記】本稿は、綱澤幹夫様（農林水産省大臣官房研究調整官）のご講演（2019）「地方における農業ビジネス」（内閣府連携公開講座地域活性化システム論2019年11月2日、高知工科大学香美キャンパスC102において実施）の内容をもとに桂信太郎が起稿したものである。綱澤様には原稿のチェックと加筆修正をして頂きました。記載の責任は起稿者にあります。

第2節　農業は成長産業に変えられる（大泉一貫）

日本農業は、成長産業に変えられる。2000年代以前には、個々の経営で優秀な農業は数多かったが、2000年代になり、農業産業は点が線になり面になると考えられた。大泉一貫著『日本の農業は成長産業に変えられる』（洋泉社，2009年）で書き著した考えを政府が取り入れるかたちとなり、2013年から農林水産省は、成長産業へと大きく変わるための「攻めの農林水産業」推進へと移行していったのである。そのための具体的な施策としては、第一に、国内外での需要および市場の拡大である。今日の和食や和の文化が国内外に発信され、食文化・食産業の海外展開が活発になったことに伴い、農業にも輸出のチャンスが巡ってきたのである。第二に、バリューチェーン（価値連鎖）である。付加価値を生み出して競争優位性を高め差別化戦略として、6次産業化といわれているが、それだけにとどまらないいわゆる食農連携を形成し促進することである。第三に、生産現場を強化して生産性を高める。今日の日本の農業は、いろいろな問題を抱えており生産性が低い。

農林水産省の政策である「攻めの農林水産業」では、KPIという実際の成果目標を作っている。内容はいくつかあるが、まず、全耕地面積の8割を農業の担い手によって利用してもらう。2割は兼業農家となる。法人形態数も現在の1万2,000法人から4倍の5万法人を目標に増加させる。担い手の米の生産コストを4割削減する。6次産業化の市場規模を10兆円にする。所得を倍増させる。こうして農業を成長産業にするというシナリオである。

2013年からの政策が、攻めの農林水産業となり、まず、「生産調整の廃止」を宣言した。市場のシグナルを経営者が受け取って自分で判断して、作物を作ることが重要である。次に農協改革である。今日の農協は、農業者を育成し、農業を成長させるというビジネスモデルを考えていない。さらに流通改革が必要であり、資材費の改革も必要である。日本の農業用資材は、海外製のものより価格が高い傾向にあるので改革することが重要である。そしてなによりも、農家が経営に自信を持つことである。農業は儲かる業種で、成長できる業種だと自信をもって経営することが農業経営に必要であり、今後に期待している。

これまでの日本の農業は、稲作偏重農政で衰退してきた。これはいわゆる保護農政である。今後の農業は、担い手不足が進む。1990年代前半までは、日本の農業の産出額は増加傾向で12兆円弱であった。1994年からは、右肩下がりに落ちていった。2009年には、日本の農業産出額は、約8兆円となった。著しく減少しているのはお米で、約2兆1,000億円に減少している。生産調整により、作付面積が減少した。1990年から2010年までの20年間を私は「農業の失われた20年」と言っている。保護農政で衰退してしまったということだ。

しかし、世界に目を向けると状況が違っている。世界で農産物輸出額が多い国は、アメリカやオランダやドイツやフランスである。日本は輸入超過の国である。輸出額があまりにも少ないために、輸入額が多く見える。日本の輸出がなぜ伸びないのか。1970年以前、世界は同時に農産物過剰に悩んでいた。日本は米生産過剰となり、生産調整や生産制限をした。アメリカは海外援助や輸出を推進した。ヨーロッパは、生産調整をすると同時に、補助金をつけて輸出を推進した。当時、日本は、輸出は頑張っても他国にかなわないからといって輸出をしなかった。

日本の農林予算は、2016年ベースで2兆6,497億である。その中の3分の1の約1兆円は、水田やお米に関する費用である。経営所得安定対策、水田活用直接支払、日本型直接支払交付金、担い手の農地集積、米穀周年供給・需要拡大支援事業、畑作物の直接支払いなどである。

日本は今だに稲作偏重農政によって兼業農家を維持しているのである。その結果、日本の農家は稲作農家が69％であるのに対し、農産物の販売額率は稲作が17％となってしまっている。農家1戸当たりの生産額は約150万円ほどである。野菜農家なら587万円、畜産は約3,735万円である。

専業農家といえるのは、年商5,000万円以上の農家といってよい。これは日本に約1万7,000戸しかない。シェアは約1％である。

ポイントは、稲作の産出額の低下により、日本の農産物産出額が減少していること。日本の農業輸出額が少なく、稲作生産調整で海外市場アクセスに対して非常に消極的になってきたことが原因である。今後、目指す農業の方向は、稲作の多くの農政のエネルギーを費やすのではなく、畜産や野菜などの作物で新しいイノベーションを志向することである。

日本農業の問題は、市場アクセスへの消極さや、目指す農業への不明確さ、経営者の不在にあり、それらによって農業が縮小したことである。

世界での実力を見ると、農業生産額1位は中国、日本は8位である。世界の農業には3つのタイプがある。1つは、開発途上国型農業である。ブラジル、ロシア、インド、中国、などBRICsにみられる。これらの国は人口が非常に多く、中所得国になろうと努力している国々で、自国の国民を養うことに主眼を置いている。自国の農業で自国の国民を養うことが重要だと考えている。しかしながら、干ばつや水害が多く、食糧問題が生じやすい。備蓄をするため、米、小麦、コーリャン、トウモロコシなど、原料としての農産物生産が中心である。

2つ目は、新大陸先進国型農業がある。アメリカやカナダでは、農産物が余っている。労働生産性が非常に高く、新大陸で営む農業のため土地問題がない。土地問題がないから大規模に生産性が高い農業となっていて、生産過剰に陥りやすい。過剰生産物を輸出するから、輸出目的の農業になっていく。作付作物は、輸出相手国である開発途上国等が必要とする原料農産物となることが多い。

3つ目は、成熟先進国型農業である。ニュージーランド、デンマーク、フランス、オランダ、ドイツ、ベルギーなどは、農産物輸出額が多く、特に付加価値の高い輸出をしている。付加価値の高い農産物を作るために、商品開発や市場開発に注力している。とりわけ2000年以降に顕著になってきている。旧大陸で付加価値の高い農業を営み、農産物輸出力と競争力があり、生産性が高い農業である（**図4-1**）。

ヨーロッパ諸国では、農業経営者の所得を守るため国際競争力がある農産物を生産する必要があり、輸出補助金頼りだと国際市場で競争に勝てない。例えばフランスのワイン。20年ほど前、フランス政府と仏ワイン協会は、日本に対して世界で最初に「世界で最も早くボジョレーヌーボーが飲める国、日本」という営業宣伝を開始した。

1990年代には、ソビエトが崩壊して共産圏が資本主義市場に参入し、グローバリズムが始まった。グローバルな世界投資や貿易が活発化して、商品開発や市場開発が進んだ。例えば、オランダは、ロシアの市場にトマトを輸出した。

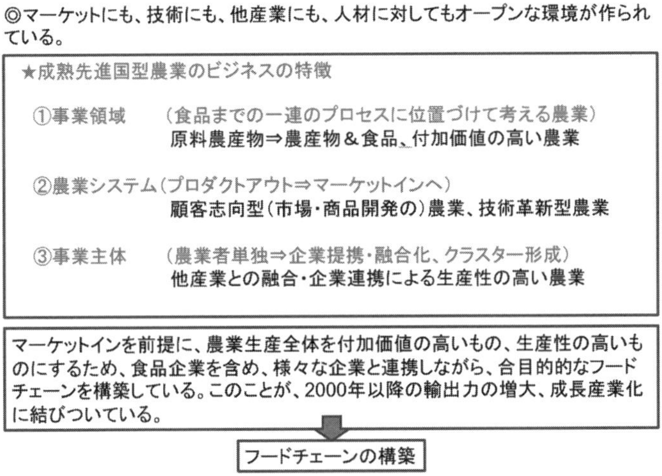

図 4-1　成熟先進国型農業

オランダ農業の生産性は高く、トマトは日本の５倍ほどの生産量がある。

さて、どうしてこのような世界の３つの農業を述べたのか。日本は、成熟先進国型農業を目指すべきだということを言いたいからである。日本の農業を成長産業にするならば、ヨーロッパの成熟型先進国型農業を学んだ方がいいと考えているからである。

成熟先進国型農業を改めて整理すると、そのポイントの１つは、原料農産物から農産加工品へのシフトで付加価値の高い農業を行っていることである。農産加工品は食品であり、付加価値が高い。原料農産物は、腹を満たすための農産物である。成熟先進国農業は、高付加価値の農産加工品を扱う。

ポイントの２つ目は、顧客志向の農業である。日本の農家は、売り先を知らない。作る前に、お客さんを見つけて、オーダーメイドにしてしまえばよい。システムとして作り上げれば、マーケットインの体制になる。

ポイントの３つ目は、それを実行するために、農家のアイデアだけでなく、さまざまな企業との提携や融合である。農業の融合産業化、フードチェーン農業によるイノベーションである。

一つ一つ説明しよう。

第一に、付加価値の高い加工食品である。ヨーロッパの農家はワインを作り、ワイナリーを持ち、ハムやチーズやソーセージもつくる。日本の農家も、納豆や豆腐など、農家の副業として作る。伝統的に、農家は食品加工、農産加工品を手掛けている。

企業が成長していくと、できるだけ付加価値の高いものを求めるようになる。食品加工業は産業分類表では2次産業になる。産業分類を超えて、1次産業と2次産業が連携するようになる。それをさらに売れば3次産業になる。1次、2次、3次で6次産業化になるというのが、農水省が推進するバリューチェーンの発想である。農業が成長するためには、チャンスを求めて、1次産業の枠から出ていけばよい。

今日、世界の農産物市場が変化している。人口構成の変化と農産物世界市場の変化をみれば、所得の中間層が増えてきているのがわかる。

所得の中間層が増えると、おいしいものが食べたくなる。実際に2011年の農産物の輸出額は1970年よりはるかに増えている。1970年から2011年にかけて、世界の人口構成で、中間層が51億人まで増えた。

そうしたニーズを知るには、第二に、農業でマーケットインの体制を作ることである。それには消費者や卸業者や小売業者の情報を生産者は直に得なくてはいけない。オランダでも、2000年ころにマーケットインの体制を構築しようという動きがあり、オランダの園芸の農協のような組織（Greenery）が、輸出業者や小売業者、外食業者のニーズを聞いて、そのニーズに基づいた製品を生産者に作付依頼するようになった。この作付依頼したものが契約となり、これに基づき生産者が生産して出荷している。Greeneryは、生産状況を小売業者や外食業者に常に提供することになる。この情報提供に基づいて、外食業者や小売業者が新たな商品開発する、というチェーンができる。

第三に、イノベーションだが、オランダでは、Greenport Holland Internationalという、日本でいえば施設園芸協会のような組織が、ナレッジイノベーションを推進している。消費者が望むものは非常にハードルが高いが、さまざまな知恵を集めそれに対応するということを標榜している。ナレッジインフラ（知識基盤）を作り上げる中心は、ヴァーヘニンゲン大学であり、Food Valley

(フードバレー)、あるいはGreenport Campus(グーリンポートキャンパス)と名付けて、企業が集まり、商品開発や研究を推進している。

成熟先進国型農業ビジネスモデルには、オランダの農家だけでなく、さまざまな企業が関わっている。例えば温室設計をVan der HoevenやKuboなどに依頼する。温室制御に関してはPriva、Hortimax、総合コンサルタントはVEKアドバイスグループ、ファイファーベルコンサルティング、光はPhilips、水槽タンクはNPIといった具合に、いろんなところへ相談する。

また、オランダには相当数のコンサルティングやアドバイザーが存在しており、農家は温室設計をアドバイザーに相談し、投資回収の見込み、資金調達先の確保、および実際の温室建設まですべてを任せている。だから農家が自分で考えて技術開発するというのも大事だが、それ以上に多くの企業が関与し貢献している。農業生産をするために、多くの人々が、研究開発から技術提供者まで、関与して支援をしている。これを「農業クラスター」という。農業がクラスターを作って、他産業と連携するのはオランダだけではなく、デンマークでもスイスでも、他産業と融合して新たなクラスターを作っている。このクラスターが、農業生産を営み、生産性の高い農業を作り上げている。

まずもって農産物から食品までの一連のプロセスに位置付けて考える農業事業を推進する。これが付加価値の高い農業を作る。農業システムは、プロダクトアウトからマーケットインへ変える。顧客が何を望むかを考える。技術革新にも取り組む。事業主体は農業者単独よりも、企業提携・融合化、クラスター形成で他産業との融合を考える。マーケットインを前提に、農業生産全体を付加価値の高いもの、生産性の高いもの作るために、食品企業を含めてさまざまな企業と連携しながら、合目的的なフードチェーンを構築していく。これが輸出力を増大し、農業を成長産業に変化させていくのである。

【付記】本稿は、宮城大学の大泉一貫名誉教授(元副学長/事業構想学部長)のご講演(2016)「日本の農業は成長産業に変えられる」(内閣府連携公開講座地域活性化システム論2016年10月10日、高知工科大学香美キャンパスC102において実施)の内容をもとに桂信太郎が起稿したものである。大泉教授には、原稿に対して加筆修正して頂きました。記載の責任は起稿者にあります。

第3節　地方における農業ビジネスの展開 —わのわ会の実践から学ぶ—

高知市から仁《に》淀《よど》川上流へ向かって16kmの場所に位置する高知県日高村。この日高村を拠点とする特定非営利活動法人わのわ会の活動が注目を集めている。日高村の人口は約五千人で、フルーツトマトの栽培が有名な地域である。全国的にわのわ会の取り組みは知られてきており、2020年1月には、地域活性化に取り組む団体への支援を意図して表彰している共同通信が実施する「第10回地域再生大賞」において、地域の特産のトマトで商品開発を手掛ける「日高わのわ会」が準大賞に選ばれた。

わのわ会は、2005年に子育て中のお母さんたちが集まってできたグループである。お母さんたちが子育てしながら空いている時間で、地域に役に立ちたいという思いで活動している。当初は、子どもたちが喜ぶことをしたいということで「動く紙芝居」を作っていた。子供と遊ぶのが得意なお母さんは子どもと遊び、ストーリーや演出を考えることが好きなお母さんたちは、演出を考えるというように役割分担ができた。

紙芝居コンテストに出して、入賞して、小学校や保育園を回ることから、達成感が生まれた。その後「地域のこまりごと」を解決するという思いから、今日までの15年の活動に展開してきた。わのわ会の年間売上高は、2018年度が約7,800万円で、2019年度は約9,400万円である。サービスの利用者は村民5,000人のうちの5％前後にあたる。毎年実施している「オムライス街道」というイベントは、トマトの村のアピールという目的もあり、経済効果が5年間で4億円ほどある。働くお母さんは、地域の50人くらいのお母さん、大学生のアルバイトから最高齢者は84歳とさまざまな方がおり、平均年齢は48歳である。5つの事業領域で、23のサービスに取り組んでおり、わのわ会は「できる人が、できる時間に、できることを」という理念で活動をしている。地域のお母さんが、無理をしないでできることに取り組む。誰もが活躍できる社会をつくるために大切なこととして、この理念を大事にしている。ミッションは

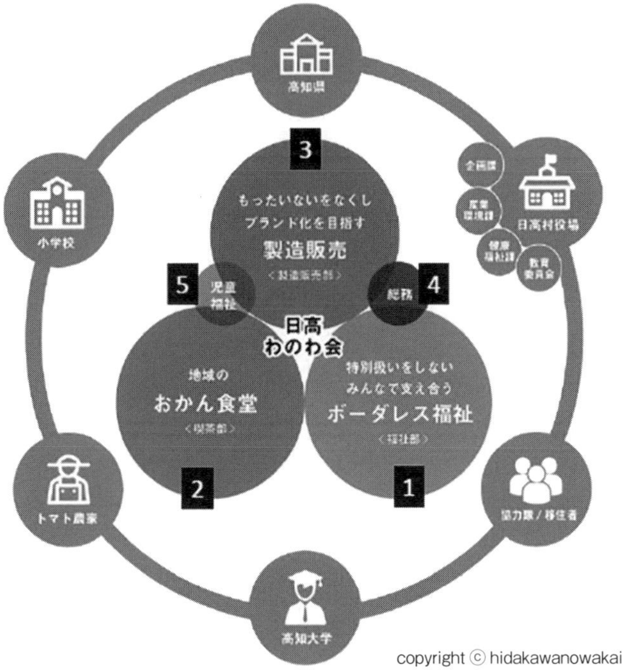

事業内容

１．特別扱いをしない、みんなで支え合うボーダレス福祉〈村の健康福祉課連携〉

２．地域のおかあちゃん食堂〈地域活性化〉
　└自分の家で最後まで暮らしたい人へ、配食サービス

３．もったいないをなくし、ブランド化を目指す製造販売〈一次産業連携、地域活性化〉

４．地域を点から線へ、線から“わ”へ、その他の地域サービス
　└買い物が困難な人へ“お買い物サービス”〈村の産業環境課連携〉
　└できないことをお手伝い、ホームヘルプサービス
　└みんな使うところを綺麗にする、公共施設の掃除サービス〈村の産業環境課連携〉

５．保育園に行けない時間や、受け入れてもらえない時期に幼児から子供を預かる、障害者も健常者も丸ごと預かりチャイルドルームサービス〈村の健康福祉課連携〉
└学校連携＿小学３年生での授業の一環として、地域と子供、障害者が一緒に活動する総合学習“畑クラブ”〈村の教育委員会×日下小学校との連携〉

図 4-2　わのわ会の事業内容

出所：わのわ会提供資料。

「年をとっても障害を持ってもその人らしく日高村で暮らす」。人口5,000人の村をどう守るか、どうサポートしていくかということをメインに考えている。

わのわ会の主な事業内容は以下のようになっている（図4-2）。

福祉部：障害者支援事業、障害者の（相談→住まう→働く→自立）のような事業内容で、就労継続支援（移行型、B型）、相談支援、日中一時支援、グループホームを手掛けている。

喫茶部：食堂を2店舗運営している。

製造販売部：平成19（2007）年からは、地元産のトマトを使った加工品も手掛けている。そのきっかけは、ある農家での農作業の手伝いがはじまりであった。草引きなどグループでの農作業の手伝いをしているとき、買い取りできない規格外のトマトが捨てられていて、たいへんもったいない気持ちとなった。その後、イタリアンのシェフにたのみ、トマトソースの作り方を指導して貰い、わのわ会の喫茶店で、そのパスタを出したら、評判となり「このパスタのソースを買いたい」という人まで現れた。そのようなことから、賞味期限付けや原価計算などの勉強しつつ、商品開発を進めた。地元産のトマトの規格外品をわのわ会が買い取ることとなり、今日では、年間約5～10トンの買い取りを行っている。トマトを入れる冷凍庫には多い時で約24トンの在庫があり、冷凍トマトをそのままレストランなどへの販売や、ふるさと納税の返礼品としても使われている。農家の収入も増え、わのわ会の売上高も伸びている。そのトマトを使い、2012年には「真っ赤に熟したトマトソース」という商品で、モンドセレクション金賞を受賞している。

また、日高村はオムライス街道というイベントに取り組んで7年目である。オムライス街道では、日高村のトマトを使うという約束であり、トマトがない時期にはわのわ会のオムライス街道専用ピューレを使っている。参加店舗は9店舗となった。

わのわ会は、喫茶部、製造販売部、福祉部のほかに、総務部、児童福祉部がある。

2019年11月には、ゲストハウスがオープンしている。ゲストハウスは地域おこし協力隊が4年前に、「わのわ会でボランティアがしたい」と東京から参加してきた。「日高村が好きで日高村に来たのに、日高村に泊まるところがないので日高村に泊まるところを作りたい」という思いがあり、高知県ビジネスコンテストに応募したところ入賞したのである。その後、日高村に相談し、村が建物を建て、わのわ会が指定管理を受け、現在では、運営は地域おこし協力隊という組織で経営に当たっている。

これまでのわのわ会は、地域において「こまっているからどうにかしてほしい」、「こんなことやりたい」という思いを取り入れて23のサービスに展開した。今後は、地域だけで解決するのではなく、外から力を持った協力者を取り込んで、刺激を持って日高村に足を運んでくれるような交流拠点で交流人口を増やしていきたい。わのわ会は、子どもたちのために未来を残していきたいと願いながら活動を続けている。

【付記】本稿は、安岡千春様（特定非営利活動法人わのわ会代表）のご講演（2019）「地域のこまりごとを解決するNPO－福祉やオムライス街道等の事例から－」（内閣府連携公開講座地域活性化システム論2019年11月２日、高知工科大学香美キャンパスC102において実施）の内容をもとに桂信太郎が起稿したものである。安岡様には、原稿の内容チェックと加筆修正して頂きました。記載の責任は起稿者にあります。

第5章 地方における観光ビジネスの可能性

第1節 観光庁における地域活性化への取り組みと課題

1. 観光の意義と効果

アトキンソン，デービッド著『新・観光立国論』（東洋経済新報社，2015）によれば、観光で大切な4要素は、気候と自然と食と文化であるという。これらが全部そろっている国はまれで、世界の中でも少ない。フランスは、観光の最先進国だが、それと並んで世界で最も魅力的な国は日本であるといわれている。高知は日本の中でも特に固有の気候、自然、食、文化がある地域であり。もう少し頑張って、それらを魅力的なものにしていけば、観光振興がさらに進むと思う。

魅力的な地域になったとしても、これ以上本当に観光客が増えるのか、疑問を持たれるかもしれないが、アジア・太平洋地域は世界の中で最も高い伸びが予測される国際観光市場であり、これらのインバウンド需要を取り込むことができれば、十分入り込み客の増加は可能であると思われる。

観光は雇用や企業の創出、社会基盤の開発を通じて社会経済の発展を牽引する重要な役割を果たしてきている。具体的にはどれだけ地域にとって経済的なメリットがあるのだろうか。

2018年の、国内における旅行消費額は約26兆円であった。そのうち、訪日外国人の旅行消費額は過去最高の4兆5,189億円となっており、2012年（1.1兆円）以降7年連続対前年比増であった。国籍・地域別に旅行消費額をみると、中国が1兆5,450億円（構成比34.2％）と最も大きい。次いで、韓国5,881億円（同13.0％）、台湾5,817億円（同12.9％）、香港3,358億円（同7.4％）、米国2,893億円（同6.4％）の順であり、これら上位5カ国・地域で全体の73.9％を占めている。

2018年度の4兆5,000億円は、日本全体の経済のなかで、どのような位置付けになるのだろうか。2018年の製品別輸出額において、全産業のトップは自動車で12.3兆円、2位は化学製品であるが、観光産業はその次の3位相当となっている。また、純粋な旅行消費額に加え、観光以外の分野への生産波及効果も考慮すれば、地域全体に経済効果が現れる。

2. 観光まちづくりの現状と課題

観光地域づくり法人（DMO：Destination Management / Marketing Organization）（**図5-1**）は、地域の多様な関係者を巻き込みつつ、科学的アプローチを取り入れた観光地域づくりを行う舵取り役となる法人である。これまで地域における観光の中心であったのは、地方公共団体等が主体となる観光協会であったが、特に外国人観光客の受け入れには、観光協会では十分な対応ができないケースがあった。具体的には農業体験、文化、農林水産業、商工業、地域住民などとの連携が薄く、また各種データの収集や分析も不十分であることが多かった。今後は地方公共団体と連携しながら、観光の地域づくりの司令塔となる組織を立ち上げて、観光地域づくりを推進していく必要がある。

「日本版DMO登録制度」は、「日本版DMO」を中心として観光地域づくりを行うことについての多様な関係者の合意形成、データの継続的な収集、戦略の策定、KPIの設定・PDCAサイクルの確立、関係者が実施する観光関連事業と戦略の整合性に関する調整・仕組み作り、プロモーションの実施、法人格の取得、責任者の明確化、データ収集・分析等の専門人材の確保、安定的な運営資金の確保の5要件を満たした観光地域づくり法人を登録いただく制度である。2019年8月7日の時点で252法人が登録されている。

地域の観光地域づくり法人のうち一部の優良な団体では、インバウンドの受け入れ環境整備やコンテンツの充実化など、インバウンドの誘客に向けた観光

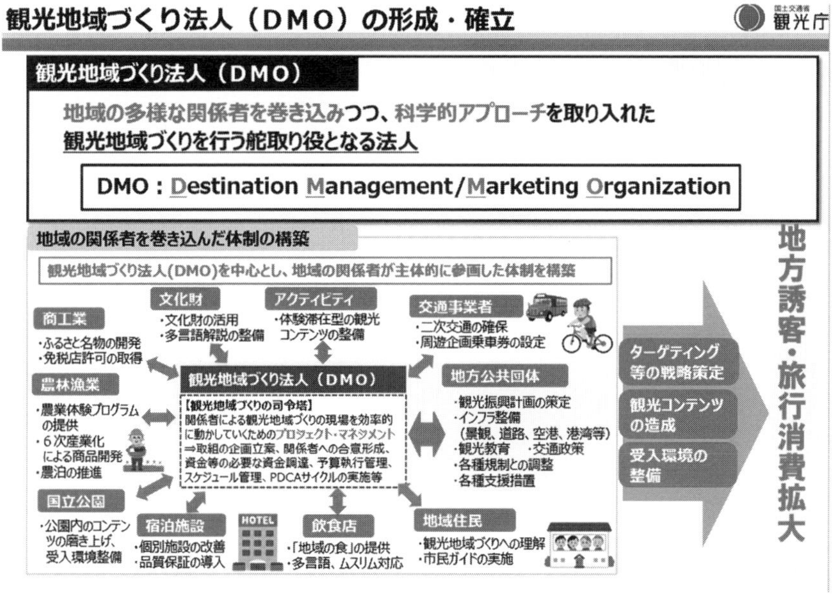

図 5-1　観光地域づくり法人（DMO）の形成・確立

出所：観光庁作成資料。

地整備に積極的に取り組んでいる。

高知においても、砂浜美術館や幡多《はた》広域観光協議会などが観光地域づくり法人として活動を始めている。幡多広域観光協議会は、四万十《しまんと》地域において自然を楽しむ体験プログラム・体験商品を作り、地域の魅力を発信する取り組みを進めている。最後の清流「四万十川」や「足摺《あしずり》岬」に代表される足摺宇和海国立公園を有する観光地として、首都圏や関西圏等からの来訪者をはじめ近年ではインバウンドも増加している当地域では、体験交流型観光等の交流人口の拡大を図り、地域経済の発展および地域振興ならびに体験交流観光の向上に寄与することを目的とし、恵みある地域の財産を観光資源へと磨き上げるための地域体制の形成を進めている。

地域ならではの体験プログラムとしては、地域資源を生かしたアクティビティのほか、農林水産業体験や田舎暮らし体験といった地域ならではの強みを活かした教育旅行にも取り組んでいる。また、体験プログラムや田舎暮らし体験受け入れについて、アドバイザーの派遣や研修の実施等により、質の向上にむけた体制を構築している。

また、山・川・海の自然を生かし、田舎暮らし家庭体験、農家民宿、郷土料理体験、天体観望会など（里山）、カヌー、カヤック、川遊び、シュノーケリングなど（川）、ホエールウォッチング、魚釣り体験、カツオ藁焼きタタキづくり、天日塩づくりなど（海）の体験商品を創出している。

このように長期の周遊を楽しめるモデルコース作りの取り組みを四国全体に広げていただきたい。これらの取り組みにおける観光地域づくり法人の役割には国としても期待をしており、さまざまな支援を行っているところである。

国による支援の一環として、観光地域づくり法人の改革を進めている。具体的には、全国各地で世界的な競争力を有する魅力ある観光地域づくりを促進するため、①全国の優良な観光地域づくり法人の体制を強化し、「世界水準のDMO」の形成を促進するとともに、②国と観光地域づくり法人が連携し、訪日グローバルキャンペーンに活用できる優良なコンテンツの造成を推進することとしている。

今後、各観光地域づくり法人の役割分担の下で、地域固有の文化、自然等を活用した観光コンテンツの充実および交通アクセスの改善をはじめとするストレスフリーで快適に旅行できる環境の整備を実施した上で、地域の観光資源・交通・宿泊情報等をターゲット層へ効果的に訴求することにより、地方部への来訪、宿泊・連泊・転泊による長期滞在が促進されることを期待している。

わが国で「観光」という言葉が一般に使われ始めたのは、江戸時代末期であるが、広く大衆が認知したのは、オランダ国王から徳川幕府に贈られた蒸気船に付けた「観光丸」という名前がきっかけとなっている。その命名の意図は、「進んでいる海外の実情を観る」とともに、「わが国の意気を観せる」というところにある。地域における観光の推進にあたっては、素晴らしい所を「観せる」という側面を重視してもらいたい。

観光が地域の活力を維持し、社会を発展させるという役割はもちろん非常に重要である。それに加えて、外国の方に日本に来てもらい、日本を理解して日

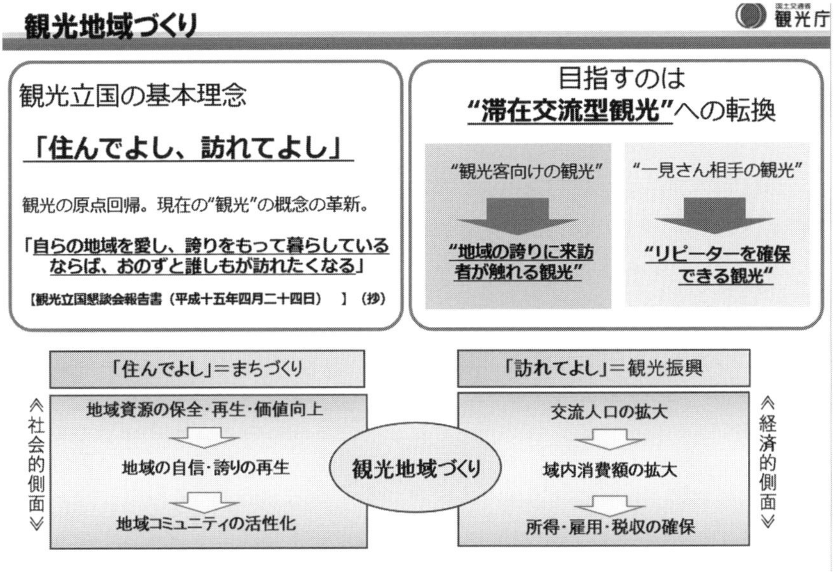

図 5-2　観光地域づくりの理念

出所：観光庁作成資料。

本の味方になってもらうことも重要である。さらには、自らの文化や地域の誇りを外国人に見てもらうことを通じて、日本人自らもその価値を再認識し、それらに誇りに思うことが観光の重要な意義である。

観光立国の基本理念は、「住んでよし、訪れてよし」である（**図 5-2**）。まずは住民が自らの地域を愛し、誇りを持って暮らすことのできる地域にすることが先であり、そのような地域には自ずと誰しもが訪れたくなる。その結果として、経済的な効果がもたらされる。このような姿が観光地域づくりのあるべき姿であると考えている。

【付記】 本稿は、畠中秀人様（前観光庁観光地域振興課長／名古屋高速道路公社副理事長）のご講演（2019）「これからの観光地域振興」（内閣府連携公開講座地域活性化システム論 2019 年 10 月 26 日、高知工科大学永国寺キャンパス A105 において実施）の内容をもとに桂信太郎が起稿したものである。畠中様には、原稿の内容チェックと加筆修正して頂きました。記載の責任は起稿者にあります。

第2節　地域社会におけるソーシャル・イノベーション

（平田　透）

地域社会の課題を解決し活力を維持するには、社会的な仕組みを新たな形へ変えていくことが求められる。より良い社会の実現を目指し、社会課題に対して、人々が知識や知恵を出し合い、新たな方法で社会の仕組みを刷新していく考え方としてソーシャル・イノベーションの概念が生まれてきた。いわば「構築されている人々の相互関係を、新たな価値観により革新していく」のがソーシャル・イノベーションである。

ソーシャルは社会的という意味であり、社会とは、いわば「特定の地域において人々が集団・組織としてよりよく生きることを目的とし、構築される相互関係の全体」とみなすことができる。イノベーションとは、新結合、革新、創新などと訳されており、わかりやすく言えば、モノや仕組みが古いものから全く新しいモノや仕組みへと入れ替わることを意味する。このソーシャル・イノベーションの考え方は、2000年頃から世界的に注目されるようになった。社会的課題が複雑化し、企業だけでも政府だけでも解決できず、既存の企業や政府といった社会セクター間の関係、さらには人々の行動原理を変える必要が出てきた。その発端は市場主義経済下において問題が多発したことによる。1990年代においては、国際化した企業が発展途上国において強いていた過酷な労働条件の発覚、巨額の資金を有する投資ファンドの行動による世界経済への影響、2000年代には米国ではエンロンやワールドコムの不正、リーマンショックなどにより、市場主義経済の矛盾が露呈し見直しの動きが生じた。日本でも年功序列崩壊、成果主義導入、非正規社員・ワーキングプアの増加などが社会問題化した時期である。特に、地方と都市部との格差が拡大したこともあり、純然たる公共性でもなく利潤追求でもない新たな行動原理と社会的な仕組みを考える動きが芽生えてきた。

非営利のNPOの発展に加えて営利企業でも社会性が重視され、ソーシャル・ビジネスや、ソーシャル・イノベーターという呼び方が用いられ始めた。

2008年の経済産業省の定義では、ソーシャル・ビジネスとは「環境や貧困問題などの様々な社会的課題に向き合い、ビジネスを通じて解決していこうとする活動」とされている。それに関連して企業経営における社会性に関する概念をいくつか紹介しておこう。コーズ・リレーテッド・マーケティング（CRM：Cause Related Marketing）は、社会問題解決型マーケティングともいわれる。コーズとは、特定の主義主張、社会性、タイムリーという意味である。企業と顧客の間の営利的取引と社会貢献の組み合わせによるマーケティング展開である。CSR（Corporate Social Responsibility）とは、企業も社会の一員であり、社会性と利益のバランスを踏まえて事業活動に取り組む必要があることを意味する。また、ソーシャル・エンタープライズ（Social Enterprise）は、社会的ミッションの実現を目的とした既存企業や新規企業のビジネスモデルを展開する企業である。また、社会課題の解決には、依然として企業の果たす役割が大きいことから、CSRに代わるものとして自社と社会の関係を考えて事業活動を展開していくCSV（Creating Shared Value：共通価値の創造）が経営学者のマイケル・ポーターにより提唱されている。しかし、これらはあくまで企業経営の枠を出ていない。近年では、ビジネス界においても2015年9月の国連サミットで採択された持続可能な開発目標（SDGs：Sustainable Development Goals）への関心が高まっており、基本的な価値観や行動原理が変わり始めている兆候といえる。

われわれを取り巻く社会環境は目まぐるしく変わり、社会そのものが転換期に入っているといわれる。地域社会では、さまざまな課題に対して、地域社会が持つ資源をどのようにして活用し社会を変えていくのかを一人一人が当事者として考え、これまでさほど意識されてこなかった人々の持つ知識や地域に組み込まれた歴史や文化など、有形無形の資源を組み合わせ新たな価値を生み出すことを考えていく必要がある。それは、経済的な地域振興にとどまらず、医療や教育やコミュニティなどの境界を越えた刷新、新たな関係と機能の創出であり、かつ持続可能でなければならない。

多くの地域社会では、人口減少問題に直面し、地域活力の落ち込みに悩んでいる。住民が減れば税収が減少し行政サービス提供にも限界が出てくる。生活に必要な交通手段や店舗などインフラの維持が難しくなり、それがさらに人口の流出を加速するという悪循環に陥る。2014 年に「日本創成会議」の人口減少問題検討分科会が発信した、2040 年までには全国で 896 の市区町村が「消滅」の危機に直面する、という内容は大きなインパクトを与えた。2020 年の自治体数は 1,724、その半分近くがなくなるという予測は各方面の論議を呼んだ。

人口の減少を踏まえ、地域の自然環境や生活の経済基盤をどう調和させて今後の社会を構築していくのか、である。そのためには、地域のさまざまなセクターの壁を越えた関係の構築が求められている。ここでは、2つの事例を簡単に紹介しておきたい。1つは、良好な自然環境を未来へ残そうという「アサザプロジェクト」、もう1つは企業のサテライト・オフィス誘致や起業を推進している神山町《かみやま》の取り組みである。

茨城県南東部に位置する霞ケ浦は、日本で2番目に大きい淡水湖である。1968 ～ 1996 年までの大規模開発事業によりコンクリート護岸が拡大したことや、1970 年代には沿岸の工業化で廃水や生活排水が流れ込んで水質汚染が進み、プランクトンの異常発生なども頻発し湖岸の植生や在来魚に悪影響を及ぼした。中学時代から環境問題に関心を持っていた飯島博は、霞ケ浦環境保護の市民活動などに参加していたが、縦割りの発想に限界を感じつつあった。彼は、自ら歩いて霞ケ浦を調査し、一部の岸辺に残されていた水草の一種「アサザ」をみかけ、それが霞ケ浦の植生を作り環境を回復する鍵だと考えた。岸辺に生えたアサザの群落は、波を穏やかにしリンや窒素を吸収し、鳥や虫、魚へと食物連鎖をつなぐ働きをする。飯島はそこに水を媒介に湖―川―里山―森林という広範囲をつなぐ関係という視点を見出す。彼の優れている点は、地域のさまざまなセクターを結び付け、環境保護活動から得たものや霞ケ浦の持つ資源から経済的価値を創出することを考え、持続する仕組みを作っていった。例えば、駆除した外来魚を肥料に加工し農家へ供給する、それを使用して収穫された野菜をブランド化して販売する、将来を見据えて小学校にビオトープをつくり地域の本来の自然の姿を子供に実体験させる、などである。このような努力により形成された関係性の“プラットフォーム”は、多くの分野の知を連携

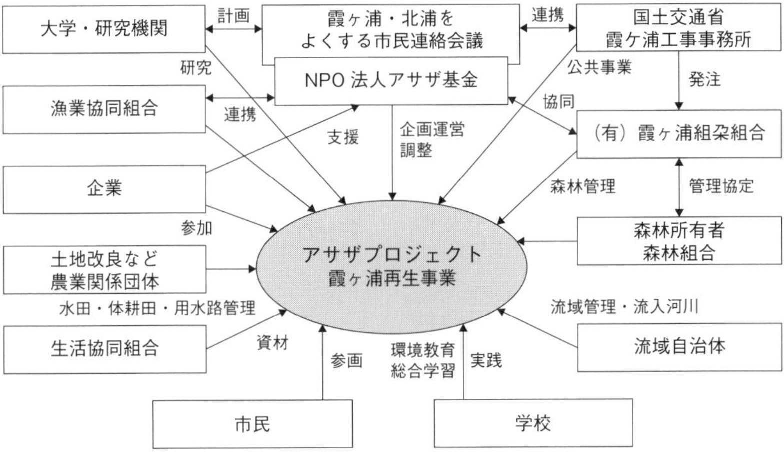

図 5-3　アサザプロジェクトの動的ネットワーク

出所：アサザ基金ホームページ。

させ、設立したNPO法人アサザ基金の活動基盤となっている（**図 5-3**）。

もう1つの事例は、徳島県の神山町である。かつては林業で栄えた町で人口2万人の規模だったが、過疎化は避けられず現在は5千人台までに減少しており、過疎化への対応という課題を抱えている。注目点は、徳島県が県下の全自治体に導入した光ファイバー回線網を活用し、事業所を都市部から誘致するとともに、地域で必要とされる技術・知識を持った人の移住を促し、衣食住に必要な町の機能の充実を図っている点である。また、町内に点在して未活用の状態にあった空き家を改修してオフィスや店舗として活用し、自然豊かな中での職住近接の環境を整備しつつある。神山町の成功のポイントは、とにかく移住者を増やせばよいというのではなく、町に必要な人を選択して移住させていること、移住にあたっては地域と移住者の間をコーディネートする組織があり、物心両面での支援を行っている点である。

神山町では「共に」活動することが鍵となっている。当初、アーティストを呼び、町内にアトリエを設け、作品の制作を行い、完成した作品を現地で展示するプロジェクト「アーティスト・イン・レジデンス」では、住民も材料の調達やアーティストとの交流など何らかの形で関わっていた。さらに、仕事と暮らしを両立させる「ワーク・イン・レジデンス」のコンセプトにより、光ファイバー回線の高速通信能力を生かしてサテライトを含む企業オフィスを誘致し、若者の移住を促進している。現在の神山町では「まちを将来世代につなぐプロジェクト」が展開されており、目指すのは「多様な人材がいる」、「よい関係性と、それを支える場がある」、「新しい活動や仕事がほどよく常に生まれている」という地域社会の姿である（神山町ホームページより）。最低でも3千人規模の人口を保ち、インフラや行政サービスを低下させない町づくりを構想している。

「アサザプロジェクト」の場合は、飯島の気づきに始まり、彼を中心として地域にバラバラに存在していた資源や潜在能力を大局的な視点から結び付け、新たな関係性を構築することにより関係者の考え方を変えていった。神山町の場合は、光ファイバー通信網整備や移住促進の支援にとどまらず、コーディネーターを介して移住者が地元に定着するような関係性と人的交流を含めた「場」の形成に取り組んだことで、地域社会への大きなインパクトとなったことが指摘できる。

この2つの事例からは、地域社会を変える、すなわちソーシャル・イノベーションを生起するには、施設や設備の物的な面の充実だけを求めるのではなく、目に見えない関係性の側面（それらは「見えざる資源」や「社会関係資本」などと呼ばれることもある）を考慮しなければならないことが読み取れよう。

【付記】本稿は、平田透様（金沢大学名誉教授）のご講演（2017）「地域からのソーシャルイノベーション」（内閣府連携公開講座地域活性化システム論 2017 年 10 月 29 日、高知工科大学永国寺キャンパス A101 において実施）の内容をもとに、桂信太郎が起稿したものを、平田教授には、原稿の内容チェックと加筆修正して頂きました。記載の責任は起稿者にあります。

第3節　地方における観光ビジネスの展開
―砂浜美術館の実践に学ぶ―

少子高齢化の進む日本において、観光は大変重要な産業である。地方においてはなおさら重要であり、観光による交流人口の増大や需要の創出は、最重要課題のひとつである。本節でとりあげる、地方における観光ビジネスの実践事例は、高知県黒潮町にあるNPO法人砂浜美術館である（**写真5-1**）。県庁所在地から車で２時間という立地であり、少子高齢化と過疎化の進展する地域であるが、毎年２万人前後の観光客を集客する観光ビジネスを実践しており、国内はもとより世界から注目を集める事例である。

1. 砂浜美術館の起源

本節のケース対象である砂浜美術館は、高知市から西部に車で２時間の位置にある黒潮町内のNPO法人である。このNPO法人砂浜美術館の起源は、黒潮町地域の地元有志と高知在住の著名デザイナー梅原《うめばら》真《まこと》らが企画運営したＴシャツアート展にある（梅原真の講演，2012）[(1)]。Ｔシャツを天然の砂浜に映えるように配置し、満潮時には波が寄せてきて、水面にＴシャツが映えるように設計している（**写真5-2**）。このＴシャツアート展は、平成元（1989）年のイ

写真5-1　私たちの町には美術館がありません。美しい砂浜が美術館です。

出所：砂浜美術館提供写真。

写真 5-2　砂浜美術館のＴシャツアート展

出所：砂浜美術館提供写真。

ベントスタートアップ以来、26年間継続して、ゴールデンウイークのイベント開催時だけで毎年1.5～2万人の観光客を集客している。高知市からもかなり距離のある過疎化の進むいわゆる僻地地域に、これだけ永年継続して集客しているイベントは全国的にも多くない。しかも、イベントの現地は、ハコものの人工物は何もない4キロにわたる天然の砂浜だけであるし、イベント運営はボランティアスタッフが主力で、持ち出し資金は必要最低限である。天然資源とコンセプトと想いがこの取り組みの原動力である（清成，2010；岡本，2011；高知工科大学マネジメント学部編，2010；福良ほか，2015)。

砂浜美術館のある黒潮町・入野海岸は、サーフィンの穴場として知られる砂浜海岸であるため、数多くのサーフィン愛好者が、Ｔシャツアートのイベント開始よりも前から来訪していた。しかし、イベント開始年以降のゴールデンウイーク期間は特に、多数のサーファーらが乗り合わせるキャンピングカーの賑わいと、Ｔシャツアート展が提供するアート、天然資源から得られる雰囲気による癒しを求める愛好者、同時開催のオーガニックマーケットの客人の醸し出す独特の雰囲気が混在した不思議な空間となっている。

砂浜美術館による集客アンケートの分析によれば、来訪客の半数は高知県外であり、30％以上は、京阪神や東京近郊からの集客であることに驚かされる。

2. 砂浜美術館の根底にあるコンセプト

砂浜美術館には「私たちの町には美術館がありません。美しい砂浜が美術館です。」というコンセプトがある。地域にそのままある資源と想いを地域から日本国内へ、さらには世界に向けて発信し続けている。

砂浜美術館の発足当時の日本は、バブル経済の最盛期であった。全国各地でさまざまな建物を競って建設したり、金のしゃちほこを作ったりと、ハコモノ建設主流の時代であった。こうして世の中がバブル経済に浮かれていた時期に、金銭投資を最小限に止め、地域の天然資源を最大限に利活用しながら「風景をつくる」といった取り組みは斬新であったと思われる。このアイデアを聞いて共感したスタッフ達は、検討を重ねた。地元の写真が好きなあるスタッフは、「撮る写真が、例えば砂浜についた小鳥の足跡だったり、ウミガメだったり、別にＴシャツがひらひらしているのだけが作品なのではなく、普段の何気ない風景が、実はとても価値のある作品だと思う」というような思いや価値観をぶつけ合った。こうした思いや価値観を共有する中で、「私たちの町には美術館がありません。美しい砂浜が美術館です。」というコンセプトが練り上げられた。砂浜から見える「地域で当たり前の風景」が作品である。生まれ育ち長年暮らして普段何気なく見ている風景からは、特に価値を感じないかもしれないが、外部から見ると良さが見える価値もある。

こうした視点や考え方を持ちながら地域の中を見ると、いろいろな宝物が見えてきたという。砂浜美術館はフィールドであるが、イベントをするために砂浜美術館が始まったのではなく、イベントを通じて砂浜美術館の考え方を伝え、地域の人々や来訪者に楽しみや価値を共有して貰うために、イベントを開催している。

3. 地域の想いは海外とも交流している

ある時、Ｔシャツアート展のボランティアスタッフが「モンゴルの草原でＴシャツアート展を展開してみたい」と提案した。砂浜ではなく、草原で馬に乗ってＴシャツアート展を開催した。また「ハワイでやりたい」と言う協力者もいて、ハワイにおいても実施された[(2)]。

今日、海外との交流は、漂流物によっても展開されている。以前は、砂浜にうち上がるゴミがスタッフの頭を悩ませていた。しかし少し見方を変えて、砂浜にたどり着く漂流物にはおもしろい物も多数あり、それを拾い集めて少し脚色すると立派な作品になる。砂浜美術館では、漂流物を数多く集めて年に一回漂流物展を実施している。海で拾い物をする人たちのネットワークも存在し、漂流物学会という学会まで創設されている。砂浜美術館には、漂流物が数多く流れ着く。沖縄に生息する植物の種、ヤシの実、タツノオトシゴ、ウミガメ、ハリセンボン、アメリカから漂着したメッセージボトルやダイヤの指輪もある。砂浜美術館の想いやコンセプトは、国境を越えた交流を見せている[(3)]。

4. 砂浜美術館の発展段階

砂浜美術館の展開を分類すると、4つのステージに分かれる。第1期は1989年から1994年にかけての創設期である。発足当時はNPOの形態ではなく、役場や地域の商工関係者など、本業を持った人々が楽しくイベントを行い、地域も楽しくしたいという想いでイベントの企画や運営をしていた。専属のスタッフはおらず、砂浜美術館運営委員会として発足した。各地のイベントでありがちなことだが、1回1回のイベントは成功するものの、次第に周囲の期待も高まり「また今年もやらなくてはならない」という義務感が生まれてしまう。創設期の終期には、こうした雰囲気もあった。楽しんで運営するイベントという形から徐々に変化がでてきたものの、観光客もかなりの集客が見込めるようになっていたため、町にとっても観光産業としての期待が生まれた時期であった。この時期（第2期）から、イベントを春夏秋冬4回に分けて実施することになり、砂浜美術館は、スタッフを1名雇用して事務局体制を確立させた。

2003年からは、砂浜美術館NPO法人化の時期で、第3期と位置づけられる。NPO法人化を期にスタッフが徐々に増え（2020年現在16名）、ホエールウォッチングや多様なイベントなどが同時平行的に開催されるようになった。今日では、砂浜美術館は、組織が事業体として継続的に運営できるさまざまな取り組みを実施している（第4期）。

また、「すなびてんぽ」というWEBショップも展開しており、今では約80点の商品を取り扱っている。その特徴は、地元の特産品はもちろんのこと、旅行商品など形のない商品も販売している。地域内の住民も得難いような情報も取り扱い、地域のケーブルテレビ局（IWKTV）の制作番組を4人の専属スタッフが地域から発信する取り組みも行っている。この担当スタッフは、常時地域内を走り回りながら、地域資源やイベントなど地域を素材とした、地域のことを好きになれるような番組を配信している。

5. 運営上の課題と組織体制

砂浜美術館は、高知県の都市公園に隣接しており、陸上競技場やサッカーグラウンドが併設されている。この施設は砂浜に隣接しているため、公園一帯を砂浜美術館が管理している。高知県から委託を受けて、管理費用を公園の所有者である高知県から導入し、それに加えて公園使用料を運営費としている。砂浜美術館では約20人のスタッフが公園の管理、イベント、観光、地域のケーブルテレビ局の自主番組制作などの業務に従事している。これらすべての事業を行う際には、安易に縁もゆかりもない他地域から何かを導入するのではなく、その地域にあるものを使い、視点を変えて、そこに価値を見出すことで、それぞれの事業を展開している点に留意しているという(4)。

これまでの経緯から、コンセプトや想いを大切にしながらも、NPOが自ら組織として自立していく必要がある。単発イベントから発展し、イベント時期の分散化、地域内組織との連携と調整、新しい事業分野への展開（黒潮ネットワーク、IWKTV、すなび旅行、すなびてんぽ、すなびスポーツ、ひらひらフレンドシップ）を進めると同時に、組織基盤の強化を推進している。

砂浜美術館のミッションは、活動を通じて砂浜美術館の考え方を社会に伝える（まちを楽しむ・まちが好きになる）とし、目指す姿は各事業をブラッシュアップすることで、地域の「共有財産」を増やすこととする。つまり「砂浜しかない」を「砂浜がある」と捉えることで、地域社会に新しい資源（＝共有財産）が生まれるように、地域の「○○がある」を増やしていく。それを生かして過疎地の経済が循環する仕組みを社会に提示する。こうしたコンセプトやミッションを、組織内外に対して、折に触れて理事長をはじめメンバーが意識的に情報発信しており、組織内外の直接的なステイクホルダーおよびNPO法人として地域住民や国民に対しての説明責任を果たそうと努力している。

砂浜美術館の活動の取り組み開始以来、地域資源を活用した多様な取り組みとイベントの集客力には目を見張るものがあり、全国の地域おこし関係者からの認知度や評価は依然として高い。組織内外のメンバーの自助努力により、取り組み開始時の単発イベントから年間を通じたイベント展開へ進化がなされ、また取り組みのノウハウを国内外に発信してコンサルティング事業に発展させようとしている。またグッズなどのネット販売すなびてんぽや地域外からのサポートファンドを活用した資金導入などの努力がなされている。今後は①地域とのさらなる連携協力体制を強化し、②砂浜美術館自体のコンセプトや想いを大切にしながらも収益を確保するシステムを確立し、③自立自存の永続事業体として独立強化された組織能力の構築と展開を図ろうとしている。

【付記】本稿は、村上健太郎様（特定非営利活動法人砂浜美術館理事長）のご講演（2019）「地域と共生する砂浜美術館の観光マネジメント」（内閣府連携公開講座地域活性化システム論2019年10月26日、高知工科大学永国寺キャンパスA105において実施）の内容および参考文献をもとに桂信太郎が起稿したものである。記載の責任は起稿者にあります。

注

（1）梅原真の地域おこしの取り組み活動は全国に及び、例えば「宝は、すぐ足もとにある・デザイナー梅原真」NHKプロフェッショナル仕事の流儀（第175回）2012年2月20日放送などで広く知られている。

（2）村上健太郎様（NPO法人砂浜美術館理事長）の講演（2019）「地域と共生する砂浜美術館の観光マネジメント」（内閣府連携公開講座地域活性化システム論2019年10月26日、高知工科大学永国寺キャンパスA105において実施）。

（3）同上。

（4）同上。

第6章
地方における中山間ビジネスの可能性

第1節　中山間地域の現状と課題

高知県は、高知市、南国市に人口の約 60 %が集中しており、その中でも高知市の人口が県全体の人口の 4 割を超えている。県庁所在地の人口が、県全体の 4 割を超えている県は全国でも比較的少ない。

中山間という言葉は、もともとは農業政策の言葉だったが、高知県では地域振興 5 法の指定地域を中山間地域と定義している。高知県における中山間地域は県土の面積の約 93 %を占め、県人口の約 40 %弱が暮らしているところである。

高知県の中山間地域や過疎地域では、人口が 55 年間でほぼ半減しており、高齢化率が 50 %を超えている地域もある。

高知県では、全国に 15 年先行して、平成 2 年から人口の自然減の状態に陥り、人口減少による経済の縮みが若者の県外流出と、特に中山間地域の衰退を招き、さらに経済が縮むという人口減少の負のスパイラルをたどってきた。

この人口減少の負のスパイラルを克服するため、県では、平成 20 年度に高知県産業振興計画を策定し、産業成長戦略による産業分野ごとの基幹産業の育成、地域アクションプランによる地域資源を生かした地域発の産業づくり、集落活動センターを中心とした集落の維持・再生の仕組みづくりの三層構造の政策群により、市町村とともに、地域の持続的発展を目指して取り組んでいる。

農業、林業や水産業といった第一次産業はもとより、中山間地域が有する豊かな自然や食、文化などの強みを生かして、地域の地場産品や製造品などを地域外へ売り込む「地産外商」につながる事業を育て、その担い手を呼び込む「移住促進」の取り組みを各地域で展開し、あわせて、住民の暮らしそのものを支える生活用水や移動手段の確保、地域福祉の充実など、「産業をつくる」と「生活を守る」を政策の柱として、今後さらに推進していく必要がある。

特に、中山間対策の核となる集落活動センターについては、平成24年度のスタートから8年余りの間に県内各地で着実に広がりを見せており、令和2年9月末までに32市町村61か所で立ち上がっている。

集落活動センターとは、「地域住民が主体となって、旧小学校や集会所等を拠点に、地域外の人材等を活用しながら、近隣の集落との連携を図り、生活、福祉、産業、防災などの活動について、それぞれの地域の課題やニーズに応じて総合的に地域ぐるみで取り組む仕組み」である。

それぞれの集落活動センターにおいては、日用品の販売や配食サービスなど住民の日常生活に欠かせない取り組みが行われており、さらには、産業振興計画の取り組みとも連動した経済活動を展開するセンターも増加してきている。今や集落活動センターは中山間地域における暮らしや経済活動を支える拠点として重要な役割を担うようになってきている。

このように、それぞれの中山間地域が、その有する さまざまな資源を生かして、産業振興や生活を支える仕組みづくりなどを通じて、各地域の個性的な価値を高め、内発的な発展を続けていくとともに、住民の安全・安心を確保することで、住み慣れた地域で安心して暮らし続けることのできる中山間地域の実現へとつながっていくのではないだろうか。

【付記】本稿は、桂信太郎が起稿し、高知県中山間地域対策課に原稿チェックして頂いたものである。

第2節　地域活性化と組織間関係論（山倉健嗣）

1. 地域の企業と組織間関係

「地域の企業と組織間関係」というテーマは、地域を経営学の観点から見ればどうなるか、ということである。戦略を明確にし、地域活性化の鍵を探ることである。誰がやるのかというと、ヒトの問題が一番大きいと考える。地域活性化のためには若者、馬鹿者、よそ者に加えて、本物がいないといけない。本物が、地域のことを愛して、地域のことを良くしてくれる人間が必要である。当事者意識を持った、本物の人財が出てこない限り、地域も日本も良くならない。

企業は地域と共にあり、人々の生活も地域とは切り離して論ずることはできない。地域の活性化を論ずるときには、地域における企業や、組織間の関係を知ることが重要である。地域活性化、地域企業、経営戦略、組織間関係、地域ブランディングがキーワードである。

地域の問題としては、今日、人口減少や高齢化の到来がある。人口統計学的に考えると、アメリカのように移民を受け入れない限り無理だが、人口減少を前提した日本では、地域の人が地域を良くするしかない。

地域を魅力的にするためには、ヒトが集まって働く場があり、高齢者が安心でき、子どもたちが戻ってきて、憧れの場所になることである。そうすれば人が集まるであろう。人間をみがくのと同じように、一生懸命、地域を魅力的にするのかという問題が重要ではないだろうか。

企業の地域との関係の始まりは、企業の立地にある。企業は特定の地域に立地することによって、地域との関係が形成される。企業は地域に立地することにより、地域に属することになる。

企業にとっての地域の必要性は、カネ（地域からの調達程度）、モノ（原材料や部品の調達においての地域の割合、販売における地域の役割—域内調達・需要)、ヒト（地域の労働力への依存)、支持（地域からの正当性)、物的環境（水、土地)、情報（地域から獲得される情報）の側面にある。具体的には、カネやモノ、ヒトのサポート、物的な環境、さまざまなモノ、ヒト、カネ、情報などの関連性において、企業にとって地域の必要性があり続ければ、その地域にずっと存在し続けるだろう。

それから企業は、雇用の確保や税の支払い、さまざまなサービスの提供という意味で、この地域に貢献をしていく。地域もそれに対してさまざまな資源を提供し、便宜を調達するということになる。企業と地域の最大の問題は、企業はどこまで自分たちでやればいいのか、企業が取り組むことが難しい領域をどうするのかという問題に直面する。地域からすれば、企業の持つ資源とマッチングする事項を見定めることが重要である。

地域の重要な担い手は企業であり、その企業は域内の需要ではなく、域外の需要をどういう形で見込むのかということがポイントである。

地域の資源をどのように活用するのかがポイントで、事業活動をする際に、どのような地域資源が活用できるのかを、意識的に考えなければならない。

地域に根差した企業は重要で、地域の資源や労働力を使い、特定の地域と結びついた商品を生み出し、それを域外に出していくのである。

2. 地域企業の経営戦略

地域企業の戦略はどのようなものだろうか。戦略で大切なことは、企業の強みや弱みをきちんと見極め、どのような環境の中で事業を営むのかを決めることが必要である。いわゆる選択と集中である。地域企業の中で重要なことは、どこを主戦場として考えるのか。例えば、国内だけなのか、海外に打って出るのかの意思決定が戦略的には重要である。

特に、地域の企業の場合は集権型が多い。トップの意思決定が重要であるが、ボトムアップも重要である。ボトムアップ的プロセスをどう組み合わせていくのかが重要になる。

企業の資源を活用する場合、重要なのは顧客にとっての価値であり、希少で模倣困難な資源を、組織的にどのようにマネジメントするかが重要である。経営とは矛盾のマネジメントである。老舗であっても、そうでなくても、変化対応が重要である。自分たちにないものを他社とのコラボレーションによってどう獲得するのか。地域の企業は、特に、他社とのコラボレーションや連携が重要になってくる。

高齢者や女性の活用においては、葉っぱビジネスの上勝町の事例が優れている。つまものをビジネス化としたという意味では、地域の資源やヒトとモノを十分に活用して、域外でうまく販売した成功事例である。つまものという資源を発掘して、つまものという市場を創造できたのは、需要管理と情報管理を一元化した情報システムの活用にある。

ビジネス化成功のポイントの１つは、地域の資源がなければいけないことである。市場は、生まれるとまた生まれ、顕在化していく。メーカーと消費者とのマッチングがどういう形で作られるのかも重要である。ビジネスの初期の段階でうまくいくことが重要で、学習がうまくいくかどうかが重要である。つまものビジネスを、どこかで同じようにマネしてもうまくいかないケースであると予想される。ビジネス全体の要素と要素のつなぎ方がうまく、初期段階のキラーパス（killer pass：直接得点に繋がるパス、転じて競争優位の戦略）の出し方がとてもうまい。

戦略的に何が重要かというと、ターゲットの市場をどう見定めていくのかということである。顧客の求める価値が重要であり、競争相手が誰かを知ることが重要である。もっともよいのは、競争相手がいないところである。戦略論の本質は、競争しないことが一番良い。だが、儲かると思うとみんな出てくる。競争しないことが戦略である。

また、本当の差別化は何かということを考える必要がある。その企業にあって他の企業にないものは何か、ないと困ることは何か、らしさの追求、ナンバーワンではなくオンリーワンの存在になるということである。オンリーワンだと思っても、すぐに追随が出てくる。オンリーワンの維持も難しい。自社の真の強みを見出し、顧客にとって何が大事かを考え、地域の優位性を活かし、商品サービスを継続的に生み出し、ブランドを作るということが重要だ。

3. 地域活性化と組織間連携

地域活性化と組織間連携を見てみる。地域活性化は地域における組織間関係の成否にかかっている。地域の企業はすべての資源を自分で持っているわけではないので、他の組織との関係をいかに創造していくのかが重要である。資源依存、協同戦略、学習、制度化が視点となる。

「資源依存」は、組織を基本的分析単位とし、組織の視点から、組織間関係を取り扱っている。その理論的前提は、組織が存続していくためには、外部環境から、諸資源を獲得・処分しなければならない。組織は、諸資源を所有しコントロールしている他組織に依存している。組織は自らの自律性を保持し、他組織への依存を回避しようとし、またできるかぎり他組織をして自らに依存させようとする。依存という概念は、組織間関係を説明する重要な概念である。組織が他組織に依存することは、組織の自主性が他組織によって制約されていることを意味する。依存とは他組織が当該組織に対してパワーをもっていることである。組織が他組織に依存する条件である。組織は、組織にとって他組織の資源が重要であればあるほど、組織がそれ以外の源泉から、必要とする資源を獲得できなければできないほど、他組織に依存している。

「学習」とは、いかに外部の知識を獲得し、他からの学習を行うのか、いかに自社の知識として活用するのか、いかに内部知識と外部知識との統合を図るのかを考えることである。目的としての知識獲得・統合を進め、他からの学習(From)、他についての学習（about)、他とともに学習（with)、の３つを考える。効率よりも価値創造が重要である。他組織からの知識の獲得と学習とは、組織間の知識の移転と伝達と創造であり、他組織のもつ知識や能力の学習である。また、他組織との結び付きによって、新たな知識や能力を創造することも必要である。さらに、学習のためのプラットホームとしての組織間関係を構築し、内部、外部の知識の統合や関係に密着した知識の移転を、実地を通じて行うことが重要である。

4. 地域活性化の主体

地域活性化の鍵は何か。地域活性化の主体は誰か。誘致型のモデルであれば、誘致企業が地域をつくればいいが、近年、誘致型は難しいといわれている。プレーヤーは多岐にわたる（例えば、行政、民間、官民協働など）。多様なプレーヤーが形成するネットワークこそ重要であり、ネットワークが地域企業のイノベーションから地域経済の活性化、そして雇用創出を担っている。

行政も民間もどういう形で協同していくのかが重要である。プレーヤーが実践すると、プレーヤーがプレーヤーを呼んで、関係ができる。多様なプレーヤーが生み出す、プレーヤーとの関係を、継続的にどのような過程で作っているのか、どのような形の連鎖の中に組み込まれていき、巻き込まれていくのかという、ネットワークを創出することが重要で、それらを時間軸で整理する必要がある。

地域の企業のイノベーションがどう起こるのかが重要であるから、イノベーターとしての地域の企業をどのように育成するのかが重要である。イノベーションというのは、自発的な動きである。自分たちが持っている強みは何か、強みをどう生かすのか。それも地域の関わりの中でいうと、地域のどのような資源をどのような形で活用するのかが重要になってくる。

みがかれた地域には人が集まる。働き盛りの世代が輝く場、高齢者世代が安心できる場、子供たちが戻ってくる場、地域外にとってあこがれの場となってほしい。地域みがきに呼応してＩターン・Ｕターンをする人々が、よそ者としてその地域に一層のみがきをかける。土の人と風の人との協働、内と外との組み合わせで、人の流れをつくる。そこにしかない文化をつくる。神山町グリーンバレーの大南信也氏の言葉を借りれば「地域の未来はまずそこに住む人が考えることから始まるもの」である。

【付記】本稿は、山倉健嗣様（現大妻女子大学副学長・教授）のご講演（2016）「地域の企業と組織間関係」（内閣府連携公開講座地域活性化システム論 2016 年 10 月 23 日、高知工科大学香美キャンパス C102 において実施）の内容をもとに桂信太郎が起稿したものである。山倉教授には、原稿チェックと加筆修正をして頂きました。記載の責任は起稿者にあります。

第3節　地方における中山間ビジネスの展開 —神山町グリーンバレーの実践に学ぶ—

1. 神山プロジェクトと創造的過疎

徳島県神山町では、人口減少や過疎化を止めるという発想ではなく、過疎化の現状を受け入れ、過疎の中身を改善できるのではないかと考えている。例えば、若者やクリエイティブな人材を誘致することで人口構成の健全化を図る。あるいはICTが地方でも整備され、活用することで多様な働き方が可能なビジネスの場としての価値を高めることができると考えられる。農林業だけに頼らない、均衡のとれた持続可能な地域を目指す。

日本の過疎地における一番大きな課題は雇用がないことである。神山プロジェクトはここから始まった。雇用・仕事がないから移住者を呼べないというならば、仕事を持った移住者に来てもらう。仕事を作り出してくれる事業者を集める。ワーク・イン・レジデンスでは、場所を選ばない企業にサテライトオフィスを作ってもらう。神山塾という職業訓練を積極的に実施し、後継人材の育成を図る。

創造的過疎とは何か。「2035年に小学校一学年12.5人の神山でいいか、減るけれど少し欲張らないか。例えば一学年20人の神山を作らないか」と提案した。4人家族で子ども2人の子育て世帯を、毎年7世帯ずつ神山に移住してもらうという考えだ。目標を設定して、人口に対する政策に生かす。神山には町営の住居や民間のアパートがないため、まずは空き家を活用していこうと考えている。取り組みから10年がたつが、神山町役場が子育て世帯向けに集合住宅を建設し、仕事を持った人が集まってきて、その周辺に仕事が生まれ始めている。

神山町の1955年当時の人口は約2万1千人であった。2年前（2015年）の国勢調査では約5千300人であるから、最盛期の4分の1となった。

しかし、近年の取り組みから、東京本社のベンチャー企業がサテライトオフィスを置き、さらに徳島大学が神山学舎を設置した。徳島県庁が2016年4月から職員2名が常駐させはじめ、阿波銀行は2017年の9月から職員1名を常駐させてビジネスマッチングを神山で行っている。2年前（2015年）に、こうした動きを、ワシントンポストが1面と8面に大きく取り上げた。2017年9月には、フランス・ドイツ・CNN・KBSが取材した。

少子高齢化や人口の都市集中が世界的な課題であり、その課題が今日本で一番進んでいる神山町を取材したのだろう。

フォーブスジャパンの6月号では「日本のイノベーティブシティ BEST10」に選定された。福岡に次いで第2位であった。小さい町でありながら、面白いことが起こっている。

2. 国際交流とアート事業

国際交流とアート事業を始めて、新しいライフスタイルやワークスタイルが生まれ、知識・情報・技術を持った人たちが集まった。そういう人たちが神山の変化を先導している。

きっかけは、1927年のアメリカ友好親善の「青い目の人形」である。日米関係改善のため、日本の子どもたちが大好きな人形で、ひなまつりのお祝いをした。アメリカの1セント募金で、人形12,739体が仕立てられた。昭和2年（1927年）2月に横浜へ届き、受け取った人形は全国の小学校や幼稚園に配られた。1945年太平洋戦争前後に焼失し、現存は全国で約320体、そのうちの1体のアリス・ジョンストンが神山町神領小学校にある。この人形がパスポートを持っていて、裏側に人形の名前とともに出身地、ペンシルベニア州ウィルキンスバーグと町の名前が書かれていた。63年前に送られてきた人形が当時10歳の女の子が送ってきてくれたとしたら73歳。ウィルキンスバーグ宛に送り主探しを依頼した。そうすると1990年の暮れに「見つかりました」と連絡が入った。人形を送ってくれたのは人形と同じ名前のアリス・ジョンストンさんであった。1991年の3月3日ひな祭りの日に「アリス里帰り推進委員会」が実行された。それから5ヵ月後に住民30人で訪問団を結成し、この人形をアメリカに連れ帰ろうとした。この時に、後にグリーンバレーの中心になる5名がこの成功体験を共有した。1997年に転機があり、徳島県が総合計画を発表した。「神山を中心とした地域にとくしま国際文化村をつくりましょう」という新聞記事が載った。記事を見た国際交流協会のメンバーで話し合った。これから10年後、20年後を考えたときに、県や市町村が危機感もってやっても住人に意志が伝わらないであろう。与えられたものではなく、自分たちが国際文化村の必要性を徳島県に提案していった。

まず国際文化村委員会という民間の実行委員会を作り、25名の委員会のうち5名は神山町役場の企画担当者に入ってもらった。いろいろ議論をした中で、2004年にグリーンバレーが誕生した。

グリーンバレーでは「できない理由よりできる方法を考える。もしその方法が見つかったらとにかく始める。できない理由よりできる理由は単なる物の見方を変える」ことが重要と考えている。理由探しではなく解決の方法を探していくのが重要である。アイデアや方法が見つかったら、まずやってみる。

徳島国際文化村プロジェクトでは、ブレーンストーミングをやりながら、環境と芸術という2つの柱を立てた。環境についてはアドプト・プログラムというアメリカ生まれの道路清掃ボランティア事業がある。アメリカで非常に盛んに行われていたが今は日本の山奥でも行われている。これを神山で初めて導入し、これを文化村の文化として表現した。

芸術についてはアートのプログラムを進めていった。アドプトが1998年、アートが1999年にスタートした。約20年前にスタートしたことが、花を咲かせて果実をつけ始めている。

町に大きな変化を起こしたのは「神山アーティスト・イン・レジデンス」であった。これまで19ヵ国から70名弱のアーティストが神山に作品を残してくれている。作品が残っていくため自然と山の中にアートウォークができつつある。

隠された図書館「Hidden Library」がこの山の中にある。神山町には図書館がなく、アーティストが作品で図書館を作った。この図書館は借りるのではなく預ける図書館で、本を収めた人だけが鍵をもらえ、この鍵を持った人だけが利用可能な図書館である。この空間が50年後には、神山の人の思いがいっぱい詰まった図書館となることだろう。

神山がアーティスト・イン・レジデンスを始めた1999年には、全国で26の自治体が文科省の助成金をもらって実施していたが、今や100以上に増えた。

アートによる地域活性化には2つの手法があり、訪れる観光客が落としてくれるお金で地域活性化させる手法がある。しかし資金が潤沢ではないし、学芸員の力を使ってアートを磨く力を住民は持っていない。そこで、制作に訪れる芸術家をターゲットにして、欧米のアーティストが「日本で制作するのであれば神山」というような場所を作るため、やってきたアーティストの滞在の満足度を上げることにした。

神山には四国八十八カ所の12番目、焼《しょう》山《さん》寺《じ》というお寺があり、11番から13番の遍路道が通っている。そこは古来お遍路さんたちが往来する場で、お遍路さんたちに対しては今なお色濃くお接待の文化が残っている。そのような「お接待」の文化でアーティストを柔らかくくるむことによって、神山が持っている「場の価値」を磨くのである。光ファイバー網が整備され高速インターネット回線が使えるようになり、神山には自費滞在する欧米のアーティストが現れた。アーティストに対して宿泊やアトリエのサービスを有償提供した。

2007年総務省のモデル事業において「イン神山」というwebサイトを構築した。手伝ってもらったデザイナーが西村佳哲さん、たりほさん、イギリス人のトム・ヴィンセントさんの3人である。西村さんは2014年に神山に移住してきて、神山町の地方創生総合戦略をまとめるときにファシリテーター役として力を発揮していただいた。

神山ではアートをビジネスにしようとして、アート関連の記事を書いた。しかし2008年6月にこのwebサイトを公開した時に、一番よく読まれたのがアートの記事ではなく、「神山で暮らす」という神山の空き家情報であった。ここから神山に対する移住需要の顕在化が起きた。

3. ワーク・イン・レジデンス

「神山で暮らす」というページを作った時に、西村さんが「ワーク・イン・レジデンス」という仕組みを考えた。地域に雇用を創出する。仕事がないなら、仕事を持った人、あるいは創り出してくれる人を誘致しようという考えである。

町の将来に必要と考えられる働き手や起業家に、空き家を1つの武器にして、ピンポイントで逆指名した。例えば、この家はパン屋をオープンする人、この家はwebデザイナーさんに貸し出す家、と受け入れ側がこの職種を特定・限定した。こうすることによって結果的に町のデザインが可能になった。

1955年当時、上角《うえつの》商店街では38店舗が商売をしていたが、徳島市内に量販店やスーパーができて、神山への道路アクセスがよくなると、買い物客が流出した。過疎化で買い物客自体の数も減っていくため、この商店街は衰退をしていった。38店舗がワークインレジデンスを始める前の2008年には、わずか6店舗に減っていた。そこで、ワーク・イン・レジデンスで人を呼び込み「オフィス・イン神山」を実施した。

プラットイーズという会社は、東京の恵比寿に本社があるテレビの番組情報の会社である。2012年11月に、築90年の古民家、蔵、土地を購入し、2013年1月から半年で、サテライトオフィスに整備された。これを「えんがわオフィス」と名付けて、外観は古民家、内側は最先端、というオフィスになった。今では、約二十数名の新規雇用が生まれている。若者にとって魅力的な職場が誕生した。このオフィスの斜め前には、築150年の酒屋さんがフレンチビストロをつくった。全世界からお客さんが来る。

町に必要なのは、情報の行き交う場である。あそこに行けば人に会える、という場所を作らなければならない。

神山塾という厚労省所管の6ヵ月間の職業訓練施設がある。2012年12月にスタートして、今は9期目である。これまで約200名が修了したが、第6期の77名修了した時点でみると、その約半数が移住者として神山に残っている。

SNSは、コンパクトでリアルとバーチャルが混在している、地方のような場所で、大きな力を発揮する。

別の商店街である寄井商店街は、ワーク・イン・レジデンスを活用して商店街を再生させた。2012年には空き家、空き店舗が多かったが、ここにオフィスやクリエイター、レストランを集積し、今では空き店舗はない。結果的に人の流れの土台ができ、商店街に新たな人の流れができて、地域経済の循環が起こり始めている。

4. 地域にビジネスを起こして「すてきな地域」を創造する

地方に文化・芸術を流入させることによって、新たな人の流れが生まれ、ビジネスを起こし、農業に影響を与えた。ワークインレジデンスで、力を持った起業者を集めた。レストランが神山にオープンすれば、農業と連関させて、サービス業を回せる仕組みを考えた。ここで生産された農産物は、出荷されて卸売市場を経て、食材として都市圏のレストランに届けられる。地域には農産物の代金が残るが、サービスが都市圏で完結するため、雇用も都市部のみで生まれる。地域内にサービスを生み出さねばならない。地域にサービスを生み出すと、そこから農業と景観が生まれる。景観はインバウンドを呼びこむ。地域内で経済を循環させるというのが非常に重要だ。農林漁業で一生懸命稼いだお金を、地域にサービスがないために、お金が域外に流出している。地域内のお金が減れば、経済が回らない。

サービスを生み出し、地域経済の循環による自律的発展がポイントになる。単純に農産物のブランド化でなく「循環のブランド化」が重要だ。この循環のブランド化ができれば経済の波及効果が出てくる。

「人が移り住んでくる、還ってくる、留まることを選択する背景」には、地域に可能性が感じられる状況を作り出すことだ。可能性がないと思われる場所には、これから人は移り住んでこないし、還ってもこない。重要なのは、ハードよりソフトを先行させること、それからモノよりはヒトを大切にすること。ヒトを重視していれば、結果的にモノが与えられたり、ハードが与えられる。重視すべきは、オープン、フラット、枠組みのないフレキシブルさ。よそから来た人が、何かやりたいと言うなら、まずはやってもらうのが良い。可能性のない場所には、ヒトは集まらない。地域としてはこの可能性が感じられるような場を、みんなが作る必要がある。

地方を「すてきな」まちにしていく。皆さんが、思いを行動に移すこと。すてきな四国、さらにはすてきな日本をつくりあげていきましょう。考えるだけでは何も変わらない。行動を起こすことが重要である。

【付記】 本稿は、大南信也様（NPO グリーンバレー理事長）のご講演（2017）「枠組みのないまちを創る―神山町グリーンバレーの事例―」（内閣府連携公開講座地域活性化システム論 2017 年 10 月 22 日、高知工科大学香美キャンパス C102 において実施）の内容をもとに桂信太郎が起稿したものである。大南信也様には原稿チェックと本稿記載の許可を頂きました。記載の責任は起稿者にあります。

推薦の言葉

地域活性学会会長　中嶋　聞多

本書『地域活性化システム論』（千倉書房刊）のご出版、まことにおめでとうございます。今日、世界情勢が混迷を深めるなか、わが国そして地域の舵取りもたいへん難しい状況になっています。こうしたなか、地域活性学会は、現在も会員数を伸ばし続けており、国や地域からの期待、学界におけるプレゼンスの高まりを自覚しつつ、さまざまな活動を展開してまいりました。

振り返れば、2008 年当時、内閣府の主導のもと、全国 33 大学で「地域活性化システム論」が開講されておりました。それらのなかから趣旨に賛同された 11 大学の学長が発起人となり、地域活性学会は創設されました。清成忠男先生（初代会長）を中心として、私を含めた設立当時のメンバーが、熱い議論を重ねて構想を練り上げたことを思い出します。

地方創生の現場では、いまだ確固とした理論や方法論がなく、手探りあるいは試行錯誤の状態が続いているというのが現状です。そのため、わが国の重要な社会課題、政策課題である地域活性化をアカデミズムの立場から探求し、改革を支援すべく、地域活性学会を創設しました。本学会には学術研究者のほか、地域で実践活動をおこなっている種々の民間団体や金融機関、さらに政策や予算面で支援する行政関係者なども多く参加され、その多彩なメンバーによる集合知を、学術と実践の両面に活かすことをめざしています。

具体的には、以下の 4 点を柱としてさまざまな学会活動を展開しています。

1）地域活性化を担う専門的な人材の育成（教育）

2）地域活性化の理論と方法の学際的な探究（研究）

3）地域活性化に関する研究成果の地域への還元（地域貢献・政策提言）

4）地域活性化に関する国内外の研究ネットワークの構築（国内連携・国際交流）

先にも述べた通り「地域活性化システム論」は地域活性学会の原点ともいえる講座です。

われわれにとってそうであったように、これから地域活性化を学ぶ皆さまにとっても、本書『地域活性化システム論』が、ひとりひとりの具体的行動へと結びつく、大きな知的刺激となることを願ってやみません。

おわりに

地域活性化の推進者は、地域における実践者、政策立案者および大学を中心とする理論研究者である。地域活性化に関する研究を成就させるには、地域において実務に精通する実践者、政策立案による地域活性化を支援する政策専門家、および、地域活性化を論理的に説明し得る学術の体系化を目指す大学研究者の連携が重要である。この三者が協働し相互補完することで地域活性学が発展し、学術が地域活性化や政策立案を支援できる。大学および研究者の役割の1つは、これら三者の協働を推進して地域活性学を発展させることである。

実践者が有する実務経験を如何に理論化するのか、その理論を如何に政策立案に活かしていくのか、大学研究者はこの仲介者でもある。実務実践者、政策立案者、大学研究者を繋ぎ、同時に地域における活性化推進の役割も担い、学術理論を言語とする通訳の役割も果たす。高知工科大学における地域活性化システム論もこの三者の参画により成立している。

大学は地域活性化の知の拠点としての側面があり、研究成果に基づく地域活性化ビジョンの提示および推進の一端を担っている。これは、地方においてより重要性が高い。また、全国各地における事業創造や産業クラスター創造において大学が貢献している。多くの場合、大学が保有する知や技術を経営資源として産業を創造するものである。こうした考えを基盤として、本書『地域活性化システム論』出版の企画はスタートした。

本書作成に当たってお世話になった多くの方々に感謝申し上げたい。これまで高知工科大学の地域活性化システム論でご講演いただいた多数の講師の方々と受講生による毎年の議論は、大学が知の拠点として更に現在の役割を認識して展開し、地域活性化の先導役を担う礎となると考えている。また、本書後半部分の原稿チェックと掲載許可をいただいた皆様にも再度感謝申し上げたい。先生方には、筆者らの「これまでの地域活性化システム論の議論を踏まえ、今後講座を受講する学生の学習がさらに進むような入門教科書をまとめたい」、「これから全国における地域活性化を学ぶ方々への教科書が必要である」との思いに快く賛同していただいた。以下、お名前を記して心から感謝の意を表したい（肩書は講演当時のもの／順不同）。内閣府地方創生推進事務局様、綱澤幹夫様（農林水産省大臣官房研究調整官）、畠中秀人様（前観光庁観光地域振興課長／名古屋高速道路公社副理事長）、大泉一貫様（宮城大学名誉教授）、大南信也様（NPOグリーンバレー理事長）、山倉健嗣様（大妻女子大学副学長・教授／横浜国立大学名誉教授）、平田透様（金沢大学名誉教授）、村上健太郎様（NPO砂浜美術館理事長）、安岡千春様（NPO法人日高わのわ会事務局長）。

また、本書出版をお引き受けいただいた千倉書房の編集部長の神谷竜介様および山田昭様に心から感謝申し上げたい。本書の執筆を粘り強くご支援いただいた。ご協力いただきました皆様に感謝申し上げますとともに、本書の文責は筆者にあることを申し添えます。

2020年10月　筆者

参考文献

【著書】

青島矢一、加藤俊彦著（2012）『競争戦略論（第2版）』東洋経済新報社。

アトキンソン，デービッド（2015）『新・観光立国論』東洋経済新報社。

井形元彦、桂信太郎（2020）『地域活性化のための戦略的農業経営―概念データモデルによる創造的アプローチ―』千倉書房。

石倉洋子、藤田昌久、前田昇、金井一頼、山崎朗（2003）『日本の産業クラスター戦略：地域における競争優位の確立』有斐閣。

占部都美編（1980）『経営学辞典』中央経済社。

大泉一貫（2009）『日本の農業は成長産業に変えられる』洋泉社。

――（2014）『希望の日本農業論』NHK 出版（NHK ブックス 1219）。

――（2020）『フードバリューチェーンが変える日本農業』日本経済新聞出版社。

大歳昌彦（1998）『「ごっくん馬路村」の村おこし：ちっちゃな村のおっきな感動物語』日本経済新聞社。

大野晃（2008）『限界集落と地域再生』高知新聞社。

桂信太郎、那須清吾、永野正朗（2015）『地方のための経営学：高知発、地域ビジネス創造から事業化へ』千倉書房。

角本伸晃（2011）『観光による地域活性化の経済分析』成文堂。

清成忠男、橋本寿朗編（1997）『日本型産業集積の未来像』日本経済新聞社。

――（2010）『地域創生への挑戦』有斐閣。

高知工科大学大学院起業家コース編（2008）『我らダイヤモンド企業：小さくともキラリと光る日本の中小企業』New York Art、丸善出版。

――（2009）『農業ビジネス学校：「自立する地域」への7章』New York Art、丸善出版。

――（2010）『土佐アート街道をゆく：アートによる地域の魅力づくり』New York Art、丸善出版。

高知工科大学マネジメント学部編（2010）『地域活性化のためのビジネス方法論』高知新聞社。

田邉正、桂信太郎著、那須清吾監修（2018）『これからの農業経営―会計の意識・知識を経営に活かす』千倉書房。

テイラー，フレデリック（Taylor, F. W.）（1911）『科学的管理法の原理』。

中沢孝夫（2014）『中小企業の底力：成功する「現場」の秘密』ちくま新書。

西村清彦監修、御園慎一郎、大前孝太郎、服部敦編著（2007）『地域再生システム論：「現場からの政策決定」時代へ』東京大学出版会。

中村秀一郎（1964）『中堅企業論』東洋経済新報社。

――（1990）『新中堅企業論』東洋経済新報社。

――、清成忠男、平尾光司（1971）『ベンチャービジネス―頭脳を売る小さな大企業』日本経済新聞社。

中村稔（2016）『何が「地方」を起こすのか―IT、「橘街道プロジェクト」、戦略と戦術の方法論―』国書刊行会。

西村清彦監修、御園慎一郎、大前孝太郎、服部敦編（2007）『地域再生システム論：「現場からの政策決定」時代へ』東京大学出版会。
日本ベンチャービジネス協会（1974）「ベンチャービジネスの理念」。
野中郁次郎、廣瀬文乃、平田透（2014）『実践ソーシャルイノベーション：知を価値に変えたコミュニティ・企業・NPO』千倉書房。
橋本行史編著（2015）『地方創生の理論と実践―地域活性化システム論』創成社。
林美香子（2018）『農村で楽しもう』安雲出版。
パイオニア・ベンチャーグループ編（2005）『黎明期のベンチャービジネス運動：日本におけるその思想と広がり』日本ベンチャービジネス協会。
福井幸男編著（2006）『新時代のコミュニティ・ビジネス』御茶の水書房。
福嶋路（2013）『ハイテク・クラスターの形成とローカル・イニシアティブ―テキサス州オースティンの奇跡はなぜ起こったのか』東北大学出版会。
藤田昌久監修、山下彰一、亀山嘉大編（2009）『産業クラスターと地域経営戦略』多賀出版。
藤本隆宏（2003）『能力構築競争：日本の自動車産業はなぜ強いのか』中央公論新社。
――（2004）『日本のもの造り哲学』日本経済新聞社。
――（2012）『ものづくりからの復活：円高・震災に現場は負けない』日本経済新聞出版社。
ファヨール，アンリ（Fayol, J. H.）（1916）『産業ならびに一般の管理』。
細谷祐二（2014）『グローバル・ニッチトップ企業論―日本の明日を拓くものづくり中小企業―』白桃書房。
――（2017）『地域の力を引き出す企業―グローバル・ニッチトップ企業が示す未来―』ちくま新書。
松田修一監修、早稲田大学アントレプレヌール研究会編（2000）『ベンチャー企業の経営と支援（新版）』日本経済新聞社。
柳孝一（2004）『ベンチャー経営論：創造的破壊と矛盾のマネジメント』日本経済新聞社。
山倉健嗣（1993）『組織間関係』有斐閣。
山田幸三（2013）『伝統産地の経営学：陶磁器産地の協働の仕組みと企業家活動』有斐閣。
横石知二（2009）『生涯現役社会のつくり方』ソフトバンク新書。

【論文等】

岡林俊宏（2015）「オランダとの技術交流を生かした、高知県の次世代施設園芸と後継者育成」『野菜情報』130 号，39-45 頁。
岡本義行（2011）「地域の内発的発展に向けて」『地域イノベーション』Vol. 4, pp. 47-52。
桂信太郎、永野正朗、那須清吾（2011）「地域ビジネスの現場から学ぶ『地方のための経営学』試論」『四国銀行経営情報』Vol. 123, pp. 1-23。
――、那須清吾、永野正朗（2013）「地域ビジネス事業比較による産業クラスターの安定性に関する調査研究」『地域活性研究』，地域活性学会誌，Vol. 4, pp. 3-12。
――、那須清吾（2014）「内閣府連携公開講座『地域活性化システム論』の中間報告」『高知工科大学紀要』11(1), pp. 235-240。*http://hdl.handle.net/10173/1192
――、那須清吾（2015）「地域ビジネス創造における地域内外資本関係と補助金政策問題」『地域活性研究』，地域活性学会誌，Vol. 6, pp. 89-95。
清成忠男（1970a）「零細企業激増は逆行現象か」『経済評論』1970 年 3 月号。
――（1970b）「アメリカにおける新型中小企業の展開」国民金融公庫総合研究所編『国民金融公庫調査月報』1970 年 9 月号。

——（2014）「地域イノベーションの構想：産業の革新による地域の再構築」『地域活性研究』地域活性学会誌，Vol. 5, pp. 453-461。
グレイナー，ラリー・E 著、藤田昭雄訳（1979）「企業成長の“フシ”をどう乗り切るか」『ダイヤモンド・ハーバード・ビジネス・ライブラリー』ダイヤモンド社，pp. 69-78。
小林拓実、中島聞多（2014）「地域活性領域における研究動向分析：「地域活性」概念の誕生と変遷を追って」『地域活性研究』Vol. 5, pp. 111-120。
津野美穂、那須清吾、桂信太郎（2014）「高齢社会の進展に伴う食生活の改善と地域活性化に関する研究」『地域活性研究』，地域活性学会誌，Vol. 5, pp. 23-31。
那須清吾（2011）「森林資源のエネルギー化技術による地方の自立・持続可能な地域経営システム構築」研究開発実施終了報告書。
——、デニス・マイラット（スイス・ヌシャテル大学名誉教授）（2010）「森林資源のエネルギー化技術による地方の自立・持続可能な地域経営システムの構築」『科学と社会の相互作用プログラムシンポジウム講演要旨集』2010 年 8 月 24 日。
原田誠司（2008）「ベンチャー論と 21 世紀の起業家社会」長岡大学学術研究委員会編『長岡大学研究論叢』第 6 号，pp. 1-11。
原陽一郎、桂信太郎、窪大輔、中山裕紀（2013）「イノベーションと企業競争力」『四銀経営情報』四銀経営情報（130), pp. 2-29, 2013-01。
山倉健嗣（1995）「組織間関係と組織間関係論」『横浜経営研究』第 16 巻第 2 号，168-178 頁。

【映像・資料】

梅原真「宝は、すぐ足もとにある・デザイナー梅原真」NHK プロフェッショナル仕事の流儀（第 175 回）2012 年 2 月 20 日放送。
NHK 番組（2006）「おばあちゃんの葉っぱビジネス」2006 年 1 月 4 日放送。

【報告書】

那須清吾、桂信太郎編『〈内閣府連携公開講座〉高知工科大学地域活性化システム論実施報告書』2008 年～ 2019 年の各年版。
——、桂信太郎編（2013）「地域活性化のための技術経営：都市部と農村部の企業競争特性比較調査をもとに」『〈2013 年度・内閣府連携公開講座〉高知工科大学地域活性化システム論実施報告書』2013 年 11 月 24 日。
原田誠司（2014）「地域産業振興のための創造人財育成—文科省“地（知）の拠点”COC 採択事業の取組から—」『〈2014 年度・内閣府連携公開講座〉高知工科大学地域活性化システム論実施報告書』（那須清吾、桂信太郎編）2014 年 12 月 14 日。
原陽一郎（2013）「地域活性化に資する技術経営：大都市部と農村部の企業競争特性比較調査をもとに」『〈2013 年度・内閣府連携公開講座〉高知工科大学地域活性化システム論実施報告書』（那須清吾、桂信太郎編）2013 年 11 月 24 日。
藤本隆宏（2013）「地域や中小企業の現場にも“良い設計と良い流れ”を」『〈2013 年度・内閣府連携講座〉高知工科大学・地域活性化システム論実施報告書』（那須清吾、桂信太郎編）2013 年 11 月 24 日。

【外国文献等】

Igata, M. and S. Katsura（2013）“Utilization of Conceptual Data Modeling Method In

Education of School of Management, Kochi University of Technology—The trial which conceives business through a lecture and exercise—," in ICPM (International Conference on Production Management 2013 in Vietnam) (EIU: Eastern International University).

Katsura Shintaro, Seigo Nasu, and Masao Nagano (2011) "Management Theories for Local Revitalization," *International Symposium of SSMS* (Symposium on Social Management Systems), pp. 601-610, 2011 (Sri Lanka).

Nakayama, Y., S. Katsura, and M. Igata (2013) "Global Competitiveness of Japanese Steel Industry," in ICPM (International Conference on Production Management 2013 in Vietnam) (EIU: Eastern International University).

Nagano Masao, Seigo Nasu, and Shintaro Katsura (2011) "THE "CHICKEN OR THE EGG" PROBLEM IN REGIONAL REVITALIZATION," *Journal of Society for Social Management Systems*, 6, SMS11-4596 (Sri Lanka).

——, Seigo Nasu, and Shintaro Katsura (2011) "THE "CHICKEN OR THE EGG" PROBLEM IN REGIONAL REVITALIZATION," the IESL-SSMS Joint International Symposium 2011, Sri Lanka, Colombo.

Porter, M. E. (1990) *The Competitive Advantage of Nations*, The Free Press.（土岐坤・小野寺武夫・中辻萬治・戸成富美子訳『国の競争優位（上）（下）』ダイヤモンド社，1999年）

——（1998）*On Competition*, Harvard Business School Press.（竹内弘高訳『競争戦略論Ⅱ』ダイヤモンド社，1999年）

Saxenian, A. (1994) *Regional Advantage: Culture and Competition in Silicon Valley and Route 128*, Harvard University Press, Cambridge.（大前研一訳『現代の二都物語：なぜシリコンバレーは復活し、ボストン・ルート128は沈んだか』講談社，1995年）

【講演等】

青山浩子（農業ジャーナリスト）の講演（2010）「強い農業をつくる」（内閣府連携公開講座地域活性化システム論2010年9月25日、高知工科大学香美キャンパスC102において実施）。

畦地履正（四万十ドラマ代表）の講演（2008）「四万十ドラマの取り組み事例」（内閣府連携公開講座地域活性化システム論2008年10月5日、高知工科大学香美キャンパスC102において実施）。

阿部かすみ（スイス政府観光局日本支局長）の講演（2016）「インバウンドによる地域活性化—スイスの観光はなぜ成功したのか—」（内閣府連携公開講座地域活性化システム論2016年10月2日、高知工科大学香美キャンパスC102において実施）。

池田洋光（中土佐町長）の講演（2011）「中土佐町の取り組み事例」（内閣府連携公開講座地域活性化システム論2011年10月10日、高知工科大学香美キャンパスC102において実施）。

池洋一（池一菜果園社長）の講演（2008）「池トマトの農業経営」（内閣府連携公開講座地域活性化システム論2008年9月27日、高知工科大学香美キャンパスC102において実施）。

石塚悟史（高知大学地域連携センター准教授）の講演（2009）「地域活性化の取り組み事例」

（内閣府連携公開講座地域活性化システム論 2009 年 10 月 4 日、高知工科大学香美キャンパス C102 において実施）。

石原武政（流通科学大学教授／大阪市立大学名誉教授）の講演（2013）「地域活性化の拠点としての商店街―タウン・マネージャーの重要性―」（内閣府連携公開講座地域活性化システム論 2013 年 10 月 27 日、高知工科大学香美キャンパス C102 において実施）。

居長原信子（株式会社十和おかみさん市代表取締役）の講演（2019）「四万十川中流域の足もとにあるもの―十和おかみさん市の取組から②―」（内閣府連携公開講座地域活性化システム論 2019 年 10 月 14 日、高知工科大学香美キャンパス C102 において実施）。

井上浩之（高知県観光振興部副部長）の講演（2015）「高知県の観光地域振興」（内閣府連携公開講座地域活性化システム論 2015 年 10 月 12 日、高知工科大学香美キャンパス C102 において実施）。

岩本隼人（林野庁森林利用課長）の講演（2008）「地方における林業ビジネス」（内閣府連携公開講座地域活性化システム論 2008 年 9 月 27 日、高知工科大学香美キャンパス C102 において実施）。

上原邦弘（水産計画代表者／ NPO 高知の食を考える会理事）の講演（2012）「高知における観光と食の取り組み～企業の枠を超えて～」（内閣府連携公開講座地域活性化システム論 2012 年 10 月 6 日、高知工科大学香美キャンパス C102 において実施）。

内田純一（小樽商科大学大学院ビジネススクール教授）の講演（2018）「観光地ブランドを構築するのはローカルガバナンスか企業戦略か？」（内閣府連携公開講座地域活性化システム論 2018 年 10 月 14 日、高知工科大学香美キャンパス C102 において実施）。

宇野善昌（内閣官房地域活性化統合事務局参事官）の講演（2012）「地域活性化の現状と課題」（内閣府連携公開講座地域活性化システム論 2012 年 10 月 6 日、高知工科大学香美キャンパス C102 において実施）。

――（内閣官房地域活性化統合事務局参事官）の講演（2013）「地域活性化の現状と課題」（内閣府連携公開講座地域活性化システム論 2013 年 11 月 24 日、高知工科大学香美キャンパス C102 において実施）。

――（内閣官房地域活性化統合事務局参事官）の講演（2014）「地域活性化の現状と課題」（内閣府連携公開講座地域活性化システム論 2014 年 10 月 26 日、高知工科大学香美キャンパス C102 において実施）。

梅原真（梅原デザイン事務所）の講演（2008）「土地の力を引き出すデザイン」（内閣府連携公開講座地域活性化システム論 2008 年 10 月 5 日、高知工科大学香美キャンパス C102 において実施）。

浦島卓也（四万十町地域おこし協力隊）の講演（2018）「高知県四万十町十和地区における地域おこし協力隊の活躍から」（内閣府連携公開講座地域活性化システム論 2018 年 10 月 7 日、高知工科大学香美キャンパス C102 において実施）。

浦田啓充（内閣官房地域活性化統合事務局参事官）の講演（2009）「地域活性化の現状と課題」（内閣府連携公開講座地域活性化システム論 2009 年 10 月 11 日、高知工科大学香美キャンパス C102 において実施）。

――（内閣官房地域活性化統合事務局参事官）の講演（2010）「地域活性化の現状と課題」（内閣府連携公開講座地域活性化システム論 2010 年 10 月 10 日、高知工科大学香美キャンパス C102 において実施）。

――（内閣官房地域活性化統合事務局参事官）の講演（2011）「地域活性化の現状と課題」

（内閣府連携公開講座地域活性化システム論 2011 年 10 月 10 日、高知工科大学香美キャンパス C102 において実施）。
大泉一貫（宮城大学名誉教授／元副学長）の講演（2016）「日本の農業は成長産業に変えられる」（内閣府連携公開講座地域活性化システム論 2016 年 10 月 10 日、高知工科大学香美キャンパス C102 において実施）。
大﨑和幸（高知県中山間地域対策課長）の講演（2017）「高知における中山間地域対策の現状と課題」（内閣府連携公開講座地域活性化システム論 2017 年 10 月 22 日、高知工科大学香美キャンパス C102 において実施）。
太田清澄（札幌学院大学大学院地域社会マネジメント研究科教授）の講演（2011）「地域活性化のトリガーは何か」（内閣府連携公開講座地域活性化システム論 2011 年 10 月 10 日、高知工科大学香美キャンパス C102 において実施）。
大谷聡（日本銀行高知支店長）の講演（2016）「高知県経済の現状と課題」（内閣府連携公開講座地域活性化システム論 2016 年 10 月 23 日、高知工科大学香美キャンパス C102 において実施）。
大原一郎（フードコーディネーター）の講演（2012）「地域資源を宝物にする秘訣」（内閣府連携公開講座地域活性化システム論 2012 年 9 月 29 日、高知工科大学香美キャンパス C102 において実施）。
大南信也（NPO グリーンバレー理事長）の講演（2009）「枠組みのないまちを創る―神山町グリーンバレーの事例―」（内閣府連携公開講座地域活性化システム論 2009 年 9 月 26 日、高知工科大学香美キャンパス C102 において実施）。
――（NPO グリーンバレー理事長）の講演（2017）「枠組みのないまちを創る―神山町グリーンバレーの事例―」（内閣府連携公開講座地域活性化システム論 2017 年 10 月 22 日、高知工科大学香美キャンパス C102 において実施）。
岡内啓明（株式会社丸三代表取締役会長）の講演（2011）「高知における地域活性化」（内閣府連携公開講座地域活性化システム論 2011 年 10 月 10 日、高知工科大学香美キャンパス C102 において実施）。
岡﨑昌之（法政大学現代福祉学部・大学院人間社会究科教授）の講演（2008）「地域ブランドから地域イメージ形成へ」（内閣府連携公開講座地域活性化システム論 2008 年 10 月 13 日、高知工科大学香美キャンパス C102 において実施）。
岡田勝利（廣瀬製紙株式会社代表取締役社長）の講演（2016）「イノベーションによる中小企業の生き残り戦略―海外比率 70%は正しい姿か―」（内閣府連携公開講座地域活性化システム論 2016 年 10 月 23 日、高知工科大学香美キャンパス C102 において実施）。
岡林俊宏（高知県農業振興部産地・流通支援課企画監）の講演（2015）「地方における農業ビジネス」（内閣府連携公開講座地域活性化システム論 2015 年 10 月 4 日、高知工科大学香美キャンパス C102 において実施）。
――（高知県農業振興部産地・流通支援課企画監）の講演（2016）「地方における農業ビジネス」（内閣府連携公開講座地域活性化システム論 2016 年 10 月 10 日、高知工科大学香美キャンパス C102 において実施）。
岡林富士男（株式会社岡林農園代表取締役社長）の講演（2017）「“おいしいあんしん”を高知から世界へ」（内閣府連携公開講座地域活性化システム論 2017 年 11 月 12 日、高知工科大学香美キャンパス C102 において実施）。
岡本義行（法政大学大学院政策創造研究科教授・研究科長）の講演（2008）「内発的地域イ

ノベーション」（内閣府連携公開講座地域活性化システム論 2008 年 10 月 13 日、高知工科大学香美キャンパス C102 において実施）。
――（法政大学教授）の講演（2009）「地域活性化に向けた社会イノベーション」（内閣府連携公開講座地域活性化システム論 2009 年 10 月 11 日、高知工科大学香美キャンパス C102 において実施）。
――（法政大学大学院政策創造研究科教授）の講演（2016）「観光と移住政策の課題：地域調査から見た地域創生政策」（内閣府連携公開講座地域活性化システム論 2016 年 10 月 2 日、高知工科大学香美キャンパス C102 において実施）。
尾﨑正直（高知県知事）の講演（2008）「高知県の現状と課題」（内閣府連携公開講座地域活性化システム論 2008 年 10 月 13 日、高知工科大学香美キャンパス C102 において実施）。
尾下一次（高知県観光振興部副部長）の講演（2018）「地方における観光地域振興」（内閣府連携公開講座地域活性化システム論 2018 年 10 月 14 日、高知工科大学香美キャンパス C102 において実施）。
小幡章博（国土交通省四国運輸局企画観光部長）の講演（2014）「これからの観光地域振興」（内閣府連携公開講座地域活性化システム論 2014 年 11 月 9 日、高知工科大学香美キャンパス C102 において実施）。
小渕昌夫（株式会社エイピーベッカー社長、元・理想科学工業株式会社専務取締役）の講演（2015）「“こうちビジネスチャレンジ基金事業”受賞の農業関連ベンチャー等の評価と支援」（内閣府連携公開講座地域活性化システム論 2015 年 10 月 4 日、高知工科大学香美キャンパス C102 において実施）。
オリバー・ビリングズリー（農業生産法人「ロカヴォ」所属）の講演（2013）「有機農業の実践から見えるビジネスの課題と今後の方向性」（内閣府連携公開講座地域活性化システム論 2013 年 11 月 10 日、高知工科大学香美キャンパス C102 において実施）。
上総毬椰（こうち食べる通信副編集長）の講演（2019）「観光振興のための SNS を活用した魅力的な情報発信」（内閣府連携公開講座地域活性化システム論 2019 年 10 月 26 日、高知工科大学永国寺キャンパス A105 において実施）。
片岡正治（岩城設計事務所社長）の講演（2009）「地域活性化のためのビジネス事例」（内閣府連携公開講座地域活性化システム論 2009 年 9 月 26 日、高知工科大学香美キャンパス C102 において実施）。
片山弘紀（ミロクテクノウッド株式会社代表取締役社長）の講演（2014）「地方の中小企業の生き残り戦略」（内閣府連携公開講座地域活性化システム論 2014 年 12 月 14 日、高知工科大学香美キャンパス C102 において実施）。
加藤康人（タイムオクトーバー代表取締役社長）の講演（2017）「高知から全国展開する web ビジネス」（内閣府連携公開講座地域活性化システム論 2017 年 10 月 29 日、高知工科大学香美キャンパス C102 において実施）。
角本伸晃（椙山女学園大学現代マネジメント学部長・教授）の講演（2014）「観光による地域活性化の経済性分析」（内閣府連携公開講座地域活性化システム論 2014 年 11 月 9 日、高知工科大学香美キャンパス C102 において実施）。
上治堂司（馬路村長）の講演（2009）「馬路村における地域活性化の取り組み事例」（内閣府連携公開講座地域活性化システム論 2009 年 10 月 11 日、高知工科大学香美キャンパス C102 において実施）。
――（馬路村長）の講演（2013）「馬路村における中山間ビジネスの取り組み事例」（内閣府

連携公開講座地域活性化システム論2013年11月24日、高知工科大学香美キャンパスC102において実施）。

――（馬路村長）の講演（2014）「馬路村における観光への取り組み」（内閣府連携公開講座地域活性化システム論2014年11月9日、高知工科大学香美キャンパスC102において実施）。

刈谷貴泉（株式会社四万十ドラマ事業課長）の講演（2017）「栗・紅茶に光を当てた四万十川に負担をかけないものづくり」（内閣府連携公開講座地域活性化システム論2017年10月22日、高知工科大学香美キャンパスC102において実施）。

――（株式会社四万十ドラマ事業課長）の講演（2018）「栗・紅茶に光を当てた四万十川に負担をかけないものづくり」（内閣府連携公開講座地域活性化システム論2018年10月7日、高知工科大学香美キャンパスC102において実施）。

――（株式会社四万十ドラマ事業課長）の講演（2019）「四万十川中流域の足もとにあるもの―十和おかみさん市の取組から①―」（内閣府連携公開講座地域活性化システム論2019年10月14日、高知工科大学香美キャンパスC102において実施）。

川﨑博（内閣府地方創生推進事務局参事官）の講演（2019）「地域創生の現状と課題」（内閣府連携公開講座地域活性化システム論2019年10月14日、高知工科大学香美キャンパスC102において実施）。

川竹満寿子（廓中ふるさと館代表）の講演（2008）「地域活性化の取り組み事例」（内閣府連携公開講座地域活性化システム論2008年10月13日、高知工科大学香美キャンパスC102において実施）。

川村幸男（犬小屋工房k社長）の講演（2011）「犬小屋工房kの中山間ビジネス」（内閣府連携公開講座地域活性化システム論2011年9月23日、高知工科大学香美キャンパスC102において実施）。

神田優（NPO法人黒潮実感センター長）の講演（2008）「黒潮実感センターの取り組み」（内閣府連携公開講座地域活性化システム論2008年10月13日、高知工科大学香美キャンパスC102において実施）。

――（NPO法人黒潮実感センター長）の講演（2009）「黒潮実感センターの取り組み」（内閣府連携公開講座地域活性化システム論2009年10月4日、高知工科大学香美キャンパスC102において実施）。

木内岳志（農林水産省大臣官房参事官）の講演（2011）「地方における農業ビジネス」（内閣府連携公開講座地域活性化システム論2011年9月23日、高知工科大学香美キャンパスC102において実施）。

――（農林水産省大臣官房参事官）の講演（2012）「農業発ビジネスを支援する取り組み」（内閣府連携公開講座地域活性化システム論2012年9月29日、高知工科大学香美キャンパスC102において実施）。

岸保行（新潟大学経済学部准教授）の講演（2018）「日本酒のグローバル展開と新潟大学“日本酒学”の挑戦」（内閣府連携公開講座地域活性化システム論2018年10月28日、高知工科大学香美キャンパスC102において実施）。

岸本憲明（株式会社ビバ沢渡代表取締役社長）の講演（2019）「知る人ぞ知る、お茶の産地仁淀川・沢渡から」（内閣府連携公開講座地域活性化システム論2019年11月2日、高知工科大学香美キャンパスC102において実施）。

木村俊昭（内閣官房地域活性化統合事務局企画官）の講演（2008）「地域活性化の現状と課

題」（内閣府連携公開講座地域活性化システム論 2008 年 10 月 13 日、高知工科大学香美キャンパス C102 において実施）。

木村祐二（土佐経済同友会代表幹事／株式会社ノーベル社長）の講演（2012）「『土佐のおきゃく』と『土佐の豊穣祭』の取り組み」（内閣府連携公開講座地域活性化システム論 2012 年 10 月 6 日、高知工科大学香美キャンパス C102 において実施）。

清成忠男（法政大学元総長／地域活性学会長／高知工科大学理事）の講演（2008）「地域創生への挑戦」（内閣府連携公開講座地域活性化システム論 2008 年 10 月 13 日、高知工科大学講堂において実施）。

楠元武久（株式会社船井総合研究所チーフ経営コンサルタント）の講演（2012）「地域の資源を活用した農産物ブランド化の具体的方策」（内閣府連携公開講座地域活性化システム論 2012 年 9 月 29 日、高知工科大学香美キャンパス C102 において実施）。

——（株式会社船井総合研究所チーフ経営コンサルタント）の講演（2017）「日本農業のイノベーションと海外進出の最新事例」（内閣府連携公開講座地域活性化システム論 2017 年 11 月 12 日、高知工科大学香美キャンパス C102 において実施）。

——（株式会社船井総合研究所チーフ経営コンサルタント）の講演（2018）「農業ビジネスのイノベーションと海外進出の最新事例」（内閣府連携公開講座地域活性化システム論 2018 年 10 月 28 日、高知工科大学香美キャンパス C102 において実施）。

——（株式会社船井総合研究所チーフ経営コンサルタント）の講演（2019）「農業ビジネスにおけるイノベーション最新事例」（内閣府連携公開講座地域活性化システム論 2019 年 11 月 2 日、高知工科大学香美キャンパス C102 において実施）。

国友昭香（国友農園社長）の講演（2008）「農業ビジネスへの取り組み」（内閣府連携公開講座地域活性化システム論 2008 年 9 月 27 日、高知工科大学香美キャンパス C102 において実施）。

——（国友農園社長）の講演（2009）「農業ビジネスへの取り組み」（内閣府連携公開講座地域活性化システム論 2009 年 9 月 26 日、高知工科大学香美キャンパス C102 において実施）。

公文寛伸（土佐塩の道保存会会長）の講演（2017）「塩の道プロジェクト」（内閣府連携公開講座地域活性化システム論 2017 年 10 月 22 日、高知工科大学香美キャンパス C102 において実施）。

黒川陽一郎（経済産業省四国経済産業局総務企画部長）の講演（2016）「経済産業省における地域活性化への取組」（内閣府連携公開講座地域活性化システム論 2016 年 10 月 23 日、高知工科大学香美キャンパス C102 において実施）。

小松俊樹（長岡大学経済経営学部教授／中小企業診断士）の講演（2018）「地域資源を活かした特産品ブランド化と観光ビジネス」（内閣府連携公開講座地域活性化システム論 2018 年 10 月 14 日、高知工科大学香美キャンパス C102 において実施）。

近藤かおり（土佐塩の道保存会事務局）の講演（2017）「塩の道プロジェクト」（内閣府連携公開講座地域活性化システム論 2017 年 10 月 22 日、高知工科大学香美キャンパス C102 において実施）。

斉藤俊幸（株式会社イング総合計画代表取締役社長）の講演（2014）「地域における産業創造と経営戦略」（内閣府連携公開講座地域活性化システム論 2014 年 12 月 14 日、高知工科大学香美キャンパス C102 において実施）。

——（株式会社イング総合計画代表取締役社長）の講演（2016）「地方における農業 6 次産

業化実践」（内閣府連携公開講座地域活性化システム論 2016 年 10 月 10 日、高知工科大学香美キャンパス C102 において実施）。
――（株式会社イング総合計画代表取締役社長）の講演（2017）「中山間ビジネスと地方創生」（内閣府連携公開講座地域活性化システム論 2017 年 10 月 22 日、高知工科大学香美キャンパス C102 において実施）。
――（株式会社イング総合計画代表取締役社長）の講演（2018）「中山間ビジネスと地方創生」（内閣府連携公開講座地域活性化システム論 2018 年 10 月 7 日、高知工科大学香美キャンパス C102 において実施）。
――（株式会社イング総合計画代表取締役社長）の講演（2019）「中山間ビジネスと地方創生」（内閣府連携公開講座地域活性化システム論 2019 年 10 月 14 日、高知工科大学香美キャンパス C102 において実施）。
榊浩行（農林水産省大臣官房参事官）の講演（2009）「地方における農業ビジネス」（内閣府連携公開講座地域活性化システム論 2009 年 9 月 26 日、高知工科大学香美キャンパス C102 において実施）。
――（農林水産省大臣官房参事官）の講演（2010）「地方における農業ビジネス」（内閣府連携公開講座地域活性化システム論 2010 年 9 月 25 日、高知工科大学香美キャンパス C102 において実施）。
佐賀浩（日本政策投資銀行福岡支店次長）の講演（2017）「DBJ・JTBF アンケート結果からみた四国・九州のインバウンド観光動向」（内閣府連携公開講座地域活性化システム論 2017 年 10 月 29 日、高知工科大学香美キャンパス C102 において実施）。
作田竜一（農林水産省大臣官房研究調整官）の講演（2017）「地方における農業ビジネス」（内閣府連携公開講座地域活性化システム論 2017 年 11 月 12 日、高知工科大学香美キャンパス C102 において実施）。
佐々木良典（株式会社スノーピークおち仁淀川キャンプフィールド店長）の講演（2018）「アウトドアの魅力と地方創生」（内閣府連携公開講座地域活性化システム論 2018 年 10 月 14 日、高知工科大学香美キャンパス C102 において実施）。
佐々倉玲於（一般社団法人いなかパイプ代表理事）の講演（2019）「地域の現場におけるコーディネーターの存在意義と役割」（内閣府連携公開講座地域活性化システム論 2019 年 11 月 2 日、高知工科大学香美キャンパス C102 において実施）。
笹森秀樹（国土交通省観光地域振興課長）の講演（2008）「これからの観光地域振興」（内閣府連携公開講座地域活性化システム論 2008 年 10 月 5 日、高知工科大学香美キャンパス C102 において実施）。
――（観光庁観光地域振興課長）の講演（2009）「これからの観光地域振興」（内閣府連携公開講座地域活性化システム論 2009 年 10 月 4 日、高知工科大学香美キャンパス C102 において実施）。
――（観光庁観光地域振興課長）の講演（2010）「これからの観光地域振興」（内閣府連携公開講座地域活性化システム論 2010 年 10 月 3 日、高知工科大学香美キャンパス C102 において実施）。
塩見英之（内閣府地方創生推進室参事官）の講演（2015）「地域活性化の現状と課題」（内閣府連携公開講座地域活性化システム論 2015 年 10 月 4 日、高知工科大学香美キャンパス C102 において実施）。
七條牧生（観光庁観光地域振興課長）の講演（2011）「これからの観光地域振興」（内閣府連

携公開講座地域活性化システム論 2011 年 10 月 2 日、高知工科大学香美キャンパス C102 において実施)。
――(観光庁観光地域振興課長)の講演(2012)「これからの観光地域振興」(内閣府連携公開講座地域活性化システム論 2012 年 9 月 22 日、高知工科大学香美キャンパス C102 において実施)。
四宮俊之(弘前大学名誉教授)の講演(2015)「日本紙パルプ企業における経営実践プロセス」(内閣府連携公開講座地域活性化システム論 2015 年 11 月 15 日、高知工科大学香美キャンパス C102 において実施)。
下元秀俊(雲の上ガーデン代表取締役)の講演(2013)「地域活性化の取り組み事例」(内閣府連携公開講座地域活性化システム論 2013 年 11 月 10 日、高知工科大学香美キャンパス C102 において実施)。
鈴木史朗(内閣府地方創生推進室参事官)の講演(2017)「地域活性化の現状と課題」(内閣府連携公開講座地域活性化システム論 2017 年 10 月 22 日、高知工科大学香美キャンパス C102 において実施)。
――(内閣府地方創生推進室参事官)の講演(2018)「地域活性化の現状と課題」(内閣府連携公開講座地域活性化システム論 2018 年 10 月 7 日、高知工科大学香美キャンパス C102 において実施)。
鈴木貴典(国土交通省四国運輸局企画観光部長)の講演(2013)「これからの観光地域振興」(内閣府連携公開講座地域活性化システム論 2013 年 10 月 27 日、高知工科大学香美キャンパス C102 において実施)。
鈴木信貴(長岡技術科学大学准教授)の講演(2017)「新興国市場戦略―理論と事例―」(内閣府連携公開講座地域活性化システム論 2017 年 11 月 12 日、高知工科大学香美キャンパス C102 において実施)。
スパット・サグワンディークル(タイ国政府貿易センター大阪所長)の講演(2014)「タイ観光系ビジネスの最新動向」(内閣府連携公開講座地域活性化システム論 2014 年 11 月 9 日、高知工科大学香美キャンパス C102 において実施)。
西悟(アーティスト)の講演(2008)「アートと地域活性化」(内閣府連携公開講座地域活性化システム論 2008 年 10 月 5 日、高知工科大学香美キャンパス C102 において実施)。
大利賀臣(株式会社エスイージー社長/前・高知県産業振興センター理事長)の講演(2015)「高知県の農業関連産業―農業機械―」(内閣府連携公開講座地域活性化システム論 2015 年 10 月 4 日、高知工科大学香美キャンパス C102 において実施)。
竹崎修央(農業生産法人バイオマスファーム高知代表)の講演(2014)「芸西村における農業ビジネス革新事例」(内閣府連携公開講座地域活性化システム論 2014 年 10 月 26 日、高知工科大学香美キャンパス C102 において実施)。
竹村昭彦(高知県酒造組合理事長/司牡丹酒造代表取締役社長)の講演(2018)「老舗蔵元が語る日本酒の魅力とビジネス展開」(内閣府連携公開講座地域活性化システム論 2018 年 10 月 28 日、高知工科大学香美キャンパス C102 において実施)。
多湖孝文(VNGK 代表取締役/ベトナムハティン省大使)の講演(2014)「地方農業が TPP 後に生き残る道:高知の資源で儲かる農業やりましょう!」(内閣府連携公開講座地域活性化システム論 2014 年 10 月 26 日、高知工科大学香美キャンパス C102 において実施)。
谷成臣(苺氷本舗株式会社)の講演(2008)「苺氷のビジネス展開」(内閣府連携公開講座地

域活性化システム論 2008 年 9 月 27 日、高知工科大学香美キャンパス C102 において実施）。
網澤幹夫（農林水産省大臣官房研究調整官）の講演（2018）「地方における農業ビジネス」（内閣府連携公開講座地域活性化システム論 2018 年 10 月 28 日、高知工科大学香美キャンパス C102 において実施）。
――（農林水産省大臣官房参事官）の講演（2019）「地方における農業ビジネス」（内閣府連携公開講座地域活性化システム論 2019 年 11 月 2 日、高知工科大学香美キャンパス C102 において実施）。
東谷望史（馬路村農業協同組合代表理事組合長）の講演（2008）「馬路村のビジネス展開」（内閣府連携公開講座地域活性化システム論 2008 年 10 月 13 日、高知工科大学香美キャンパス C102 において実施）。
――（馬路村農業協同組合代表理事組合長）の講演（2012）「馬路村における観光地域振興」（内閣府連携公開講座地域活性化システム論 2012 年 9 月 22 日、高知工科大学香美キャンパス C102 において実施）。
土肥豊（内閣府地方創生推進室参事官）の講演（2016）「地域活性化の現状と課題」（内閣府連携公開講座地域活性化システム論 2016 年 10 月 2 日、高知工科大学香美キャンパス C102 において実施）。
中越武義（梼原村長）の講演（2008）「梼原町の地域振興」（内閣府連携公開講座地域活性化システム論 2008 年 10 月 13 日、高知工科大学香美キャンパス C102 において実施）。
中澤慎二（高知市副市長）の講演（2017）「高知市における観光地域振興」（内閣府連携公開講座地域活性化システム論 2017 年 10 月 29 日、高知工科大学香美キャンパス C102 において実施）。
中嶋聞多（法政大学教授）の講演（2010）「地域活性と新しい観光交流の可能性」（内閣府連携公開講座地域活性化システム論 2010 年 10 月 10 日、高知工科大学香美キャンパス C102 において実施）。
――（信州大学特任教授／地域活性学会会長）の講演（2019）「地域活性と新しい観光交流の可能性」（内閣府連携公開講座地域活性化システム論 2019 年 10 月 26 日、高知工科大学永国寺キャンパス A105 において実施）。
中田大介（農林水産省大臣官房参事官）の講演（2013）「地方における農業ビジネス」（内閣府連携公開講座地域活性化システム論 2013 年 11 月 10 日、高知工科大学香美キャンパス C102 において実施）。
――（農林水産省大臣官房参事官）の講演（2014）「地方における農業ビジネス」（内閣府連携公開講座地域活性化システム論 2014 年 10 月 26 日、高知工科大学香美キャンパス C102 において実施）。
長崎雅代（ファーム・ベジコ代表）の講演（2012）「ベジタブル・コミュニケーション&コラボレーション」（内閣府連携公開講座地域活性化システム論 2012 年 9 月 29 日、高知工科大学香美キャンパス C102 において実施）。
長野進（JA れいほく米粉ビジネス推進リーダー）の講演（2010）「米粉ビジネスの展開」（内閣府連携公開講座地域活性化システム論 2010 年 9 月 25 日、高知工科大学香美キャンパス C102 において実施）。
中村吉明（経済産業省立地環境整備課長）の講演（2011）「経済産業省における地域活性化への取り組み」（内閣府連携公開講座地域活性化システム論 2011 年 10 月 10 日、高知工科大学香美キャンパスC102において実施)。
——(経済産業省地域産業グループ立地環境整備課長)の講演(2012)「経済産業省における地域活性化への取り組み」(内閣府連携公開講座地域活性化システム論2012年10月6日、高知工科大学香美キャンパスC102において実施)。
西原里実(大阪学院大学経営学部准教授)の講演(2016)「グローバル社会におけるホスピタリティと観光ビジネス」(内閣府連携公開講座地域活性化システム論2016年10月2日、高知工科大学香美キャンパスC102において実施)。
——(大阪学院大学経営学部専任講師)の講演(2019)「グローバルホスピタリティとツーリズムマネジメント」(内閣府連携公開講座地域活性化システム論2019年10月26日、高知工科大学永国寺キャンパスA105において実施)。
能瀬宏隆(経産省地域経済産業政策課企画官)の講演(2009)「経済産業省における地域活性化への取り組み」(内閣府連携公開講座地域活性化システム論2009年10月11日、高知工科大学香美キャンパスC102において実施)。
野田耕一(経済産業省立地環境整備課長)の講演(2010)「経済産業省における地域活性化への取り組み」(内閣府連携公開講座地域活性化システム論2010年10月10日、高知工科大学香美キャンパスC102において実施)。
橋本智之(経済産業省四国経済産業局地域経済部長)の講演(2013)「経済産業省における地域活性化への取り組み」(内閣府連携公開講座地域活性化システム論2013年11月24日、高知工科大学香美キャンパスC102において実施)。
橋本泰博(日本政策投資銀行四国支店企画調査課長)の講演(2018)「観光DMO設計運営のポイント」(内閣府連携公開講座地域活性化システム論2018年10月14日、高知工科大学香美キャンパスC102において実施)。
畠中智子(高知のまちづくりを考える会代表)の講演(2011)「時間をかけたまちづくり」(内閣府連携公開講座地域活性化システム論2011年10月2日、高知工科大学香美キャンパスC102において実施)。
畠中秀人(前観光庁観光地域振興課長/名古屋高速道路公社副理事長)の講演(2019)「これからの観光地域振興」(内閣府連携公開講座地域活性化システム論2019年10月26日、高知工科大学永国寺キャンパスA105において実施)。
畠中洋行(NPO高知市民会議事務局長)の講演(2011)「時間をかけたまちづくり」(内閣府連携公開講座地域活性化システム論2011年10月2日、高知工科大学香美キャンパスC102において実施)。
濱田竜也(濱田企画事務所長)の講演(2010)「地域活性化への取り組み事例」(内閣府連携公開講座地域活性化システム論2010年10月3日、高知工科大学香美キャンパスC102において実施)。
林篤志(土佐山アカデミープロデューサー)の講演(2012)「地域における暮らしのモデルの創造に向けて」(内閣府連携公開講座地域活性化システム論2012年9月29日、高知工科大学香美キャンパスC102において実施)。
林大地(ホテル星羅四万十支配人)の講演(2017)「観光は一隅を照らす」(内閣府連携公開講座地域活性化システム論2017年10月29日、高知工科大学香美キャンパスC102において実施)。
原田誠司(長岡大学副学長・教授/川崎市産業振興財団理事長)の講演(2014)「地域産業の競争力と創造人材育成—文科省“地(知)の拠点”COC採択事業の取組から—」(内

閣府連携公開講座地域活性化システム論 2014 年 12 月 14 日、高知工科大学香美キャンパス C102 において実施)。
原陽一郎（元東レ経営研究所社長／元 JST プラザ・サテライト評価委員長／長岡大学学長／研究・イノベーション学会会長）の講演（2013)「地域活性化に資する技術経営：大都市部と農村部の企業競争特性比較調査（科研費基盤 B：1433037）をもとに」(内閣府連携公開講座地域活性化システム論 2013 年 11 月 24 日、高知工科大学香美キャンパス C102 において実施)。
泥谷光信（株式会社土佐清水元気プロジェクト）の講演（2010)「土佐清水における地域活性化への取り組み」(内閣府連携公開講座地域活性化システム論 2010 年 9 月 25 日、高知工科大学香美キャンパス C102 において実施)。
平野隆之（日印ビジネス支援協会代表）の講演（2017)「インドビジネスの魅力―その市場と可能性」(内閣府連携公開講座地域活性化システム論 2017 年 11 月 12 日、高知工科大学香美キャンパス C102 において実施)。
平田透（金沢大学名誉教授）の講演（2017)「地域からのソーシャルイノベーション」(内閣府連携公開講座地域活性化システム論 2017 年 10 月 29 日、高知工科大学香美キャンパス C102 において実施)。
廣瀬文乃（一橋大学大学院国際企業戦略研究科特任講師）の講演（2015)「観光・サービス産業におけるソーシャル・イノベーション」(内閣府連携公開講座地域活性化システム論 2015 年 10 月 12 日、高知工科大学香美キャンパス C102 において実施)。
福島路（東北大学大学院経済学研究科教授／日本ベンチャー学会副会長）の講演（2016)「地域イノベーション－クラスター形成と学び合う地域－」(内閣府連携公開講座地域活性化システム論 2016 年 10 月 23 日、高知工科大学香美キャンパス C102 において実施)。
藤川豊文（ばうむ合同会社代表）の講演（2016)「まち全体で取り組む 6 次産業化」(内閣府連携公開講座地域活性化システム論 2016 年 10 月 10 日、高知工科大学香美キャンパス C102 において実施)。
藤崎壽久（高知県信用保証協会常務理事）の講演（2014)「地域ビジネスを支える金融保証事業の役割」(内閣府連携公開講座地域活性化システム論 2014 年 12 月 14 日、高知工科大学香美キャンパス C102 において実施)。
藤澤清隆（経済産業省四国経産局産業部長）の講演（2014)「経産省における地域活性化への取り組み」(内閣府連携公開講座地域活性化システム論 2014 年 12 月 14 日、高知工科大学香美キャンパス C102 において実施)。
藤本厚子（アツコプラニング代表取締役社長）の講演（2014)「食と農の現地主義：各地自慢の食材生産者と消費者をつなぐ“食の架け橋”」(内閣府連携公開講座地域活性化システム論 2014 年 10 月 26 日、高知工科大学香美キャンパス C102 において実施)。
藤本幸太郎（株式会社城西館取締役）の講演（2015)「創業 140 年：老舗旅館のおもてなしの心」(内閣府連携公開講座地域活性化システム論 2015 年 10 月 12 日、高知工科大学香美キャンパス C102 において実施)。
藤本隆宏（東京大学大学院教授／組織学会会長）の講演（2013)「地域と中小企業の現場に“良い設計と良い流れ”を」(内閣府連携公開講座地域活性化システム論 2013 年 11 月 24 日、高知工科大学香美キャンパス C102 において実施)。
――（東京大学大学院経済学研究科教授）の講演（2015)「観光・サービス産業にも“良い設計と良い流れ”を」(内閣府連携公開講座地域活性化システム論 2015 年 10 月 12 日、

高知工科大学香美キャンパス C102 において実施)。
古川康造（高松丸亀町商店街振興組合理事長）の講演（2013）「商店街の活性化から見た地域の課題、および観光資源としての商店街」(内閣府連携公開講座地域活性化システム論 2013 年 10 月 27 日、高知工科大学香美キャンパス C102 において実施)。
古屋紀人（ミズーリ大学客員教授／ IGB ネットワーク代表取締役社長）の講演（2014）「地域・世界で通用するビジネス人材育成」(内閣府連携公開講座地域活性化システム論 2014 年 12 月 14 日、高知工科大学香美キャンパス C102 において実施)。
ペマ・ギャルポ（ブータン王国首相顧問）の講演（2010）「世界の中の日本の役割」(内閣府連携公開講座地域活性化システム論 2010 年 10 月 3 日、高知工科大学香美キャンパス C102 において実施)。
細谷祐二（経済産業省地域経済産業グループ地域政策研究官）の講演（2015）「グローバル・ニッチトップ企業論」(内閣府連携公開講座地域活性化システム論 2015 年 11 月 15 日、高知工科大学香美キャンパス C102 において実施)。
松﨑了三（高知工科大学特任教授／田舎まるごと販売研究家）の講演（2013）「有機農業ビジネスのマーケティング戦略」(内閣府連携公開講座地域活性化システム論 2013 年 11 月 10 日、高知工科大学香美キャンパス C102 において実施)。
松本和明（長岡大学経済経営学部教授）の講演（2015）「製紙業界における企業家活動の展開」(内閣府連携公開講座地域活性化システム論 2015 年 11 月 15 日、高知工科大学香美キャンパス C102 において実施)。
松本憲治（高知県安芸市長）の講演（2010）「安芸市の地域活性化」(内閣府連携公開講座地域活性化システム論 2010 年 10 月 10 日、高知工科大学香美キャンパス C102 において実施)。
馬渕泰（高知工科大学経済・マネジメント学群講師）の講演（2018）「中山間地域における移住者と受け入れ地域の意識調査」(高知県梼原町を対象として)(内閣府連携公開講座地域活性化システム論 2018 年 10 月 7 日、高知工科大学香美キャンパス C102 において実施)。
三木公仁（神姫バス株式会社事業戦略課長）の講演（2014）「観光クラスターを通じた地域経済への貢献―姫路観光クラスターの事例―」(内閣府連携公開講座地域活性化システム論 2014 年 11 月 9 日、高知工科大学香美キャンパス C102 において実施)。
溝渕泰司（ニッポン高度紙工業株式会社執行役員経営企画室長）の講演（2015）「地方からナノテク・イノベーションに挑む」(内閣府連携公開講座地域活性化システム論 2015 年 11 月 15 日、高知工科大学香美キャンパス C102 において実施)。
見元一夫（見元園芸社長）の講演（2011）「高知から世界へ園芸農業の展開」(内閣府連携公開講座地域活性化システム論 2011 年 9 月 23 日、高知工科大学香美キャンパス C102 において実施)。
宮脇修（株式会社海洋堂代表取締役会長）の講演（2015）「海洋堂と観光地域振興」(内閣府連携公開講座地域活性化システム論 2015 年 10 月 12 日、高知工科大学香美キャンパス C102 において実施)。
村上健太郎（NPO 法人砂浜美術館理事長）の講演（2015）「砂浜美術館と地方型観光ビジネス」(内閣府連携公開講座地域活性化システム論 2015 年 10 月 12 日、高知工科大学香美キャンパス C102 において実施)。
――（NPO 法人砂浜美術館理事長）の講演（2018）「地域と共生する砂浜美術館の観光ビジ

ネス」(内閣府連携公開講座地域活性化システム論 2018 年 10 月 14 日、高知工科大学香美キャンパス C102 において実施)。

――(NPO 法人砂浜美術館理事長)の講演(2019)「地域と共生する砂浜美術館の観光マネジメント」(内閣府連携公開講座地域活性化システム論 2019 年 10 月 26 日、高知工科大学永国寺キャンパス A105 において実施)。

村瀬博昭(奈良県立大学地域創造学部准教授)の講演(2019)「CSA(Community Supported Agriculture)による農業経営」(内閣府連携公開講座地域活性化システム論 2019 年 11 月 2 日、高知工科大学香美キャンパス C102 において実施)。

元吉喜志男(高知県観光部長)の講演(2008)「これからの観光地域振興」(内閣府連携公開講座地域活性化システム論 2008 年 10 月 5 日、高知工科大学香美キャンパス C102 において実施)。

森健志郎(高知県立龍馬記念館長)の講演(2013)「龍馬の足跡と近代日本の原点としての土佐」(内閣府連携公開講座地域活性化システム論 2013 年 10 月 27 日、高知工科大学香美キャンパス C102 において実施)。

森澤正博(高知県製紙工業会理事長/三昭紙業株式会社代表取締役社長)の講演(2015)「高知県の製紙業の現状と課題」(内閣府連携公開講座地域活性化システム論 2015 年 11 月 15 日、高知工科大学香美キャンパス C102 において実施)。

森下由朗(フードプラン社長)の講演(2011)「フードプランのビジネス展開」(内閣府連携公開講座地域活性化システム論 2011 年 9 月 23 日、高知工科大学香美キャンパス C102 において実施)。

森田晃喜(四万十森林管理署梼原森林事務所森林官)の講演(2019)「高知県梼原町松原地区における持続可能な中山間地域づくり～「松原の森林」フル活用チャレンジ」(内閣府連携公開講座地域活性化システム論 2019 年 10 月 14 日、高知工科大学香美キャンパス C102 において実施)。

矢嶋敏朗(日本旅行業協会広報室長)の講演(2018)「日本における旅行業界と観光ビジネスの現状と課題」(内閣府連携公開講座地域活性化システム論 2018 年 10 月 14 日、高知工科大学香美キャンパス C102 において実施)。

安岡千春(特定非営利活動法人わのわ会代表)の講演(2019)「地域のこまりごとを解決する NPO―福祉やオムライス街道等の事例から―」(内閣府連携公開講座地域活性化システム論 2019 年 11 月 2 日、高知工科大学香美キャンパス C102 において実施)。

柳孝一(多摩大学名誉教授/前・日本ベンチャー学会副会長)の講演(2015)「ベンチャー経営論の構図と地域活性化への活用」(内閣府連携公開講座地域活性化システム論 2015 年 10 月 4 日、高知工科大学香美キャンパス C102 において実施)。

山倉健嗣(大妻女子大学教授/横浜国立大学名誉教授)の講演(2016)「地域の企業と組織間関係」(内閣府連携公開講座地域活性化システム論 2016 年 10 月 23 日、高知工科大学香美キャンパス C102 において実施)。

山本明紀(ニラ農家の嫁たまにモノ書き)の講演(2016)「農業とは縦横無尽なナリワイです」(内閣府連携公開講座地域活性化システム論 2016 年 10 月 10 日、高知工科大学香美キャンパス C102 において実施)。

山本吾一(兼松エンジニアリング会長)の講演(2010)「兼松エンジニアリングのビジネス展開」(内閣府連携公開講座地域活性化システム論 2010 年 10 月 10 日、高知工科大学香美キャンパス C102 において実施)。

山本裕久（山本金貴属地金会長）の講演（2009）「わが社のビジネス展開」（内閣府連携公開講座地域活性化システム論 2009 年 10 月 11 日、高知工科大学香美キャンパス C102 において実施）。
山本良喜（はりまや橋商店街振興組合理事長）の講演（2016）「地域とともに“つながる商店街”を目指して」（内閣府連携公開講座地域活性化システム論 2016 年 10 月 2 日、高知工科大学香美キャンパス C102 において実施）。
山脇深（高知県観光政策課長）の講演（2012）「高知県における観光政策」（内閣府連携公開講座地域活性化システム論 2012 年 9 月 22 日、高知工科大学香美キャンパス C102 において実施）。
八幡一秀（中央大学大学院経済学研究科教授）の講演（2018）「地域産業振興と中小企業―持続的な循環型地域づくり―」（内閣府連携公開講座地域活性化システム論 2018 年 10 月 28 日、高知工科大学香美キャンパス C102 において実施）。
柚洞一央（室戸ジオパーク推進協議会）の講演（2012）「室戸ジオパークにおける観光への取り組み」（内閣府連携公開講座地域活性化システム論 2012 年 9 月 22 日、高知工科大学香美キャンパス C102 において実施）。
横山公大（観光と食イベント委員長／土佐御苑専務）の講演（2012）「土佐の観光と地域資源を活かした取り組み」（内閣府連携公開講座地域活性化システム論 2012 年 10 月 6 日、高知工科大学香美キャンパス C102 において実施）。
吉澤文四郎（ひまわり乳業株式会社）の講演（2008）「わが社のビジネス展開」（内閣府連携公開講座地域活性化システム論 2008 年 9 月 27 日、高知工科大学香美キャンパス C102 において実施）。
吉冨慎作（特定非営利活動法人土佐山アカデミー事務局長）の講演（2019）「土佐山アカデミー解体新書―課題を資源に変える発想法―」（内閣府連携公開講座地域活性化システム論 2019 年 10 月 26 日、高知工科大学永国寺キャンパス A105 において実施）。
吉村大（高知県観光振興部副部長）の講演（2016）「高知県の観光地域振興への取り組みについて」（内閣府連携公開講座地域活性化システム論 2016 年 10 月 2 日、高知工科大学香美キャンパス C102 において実施）。
ロギール・アウテンボーガルト（土佐和紙工芸家）の講演（2010）「かみこやの取り組み」（内閣府連携公開講座地域活性化システム論 2010 年 10 月 3 日、高知工科大学香美キャンパス C102 において実施）。
渡邊高志（高知工科大学地域連携機構教授）の講演（2013）「植物学の視点からの有機農業の課題と今後の方向性」（内閣府連携公開講座地域活性化システム論 2013 年 11 月 10 日、高知工科大学香美キャンパス C102 において実施）。

主要事項索引

英字

ア行

カ行

サ行

タ行

ナ行

ハ行

主要人名索引

【執筆者紹介】

桂信太郎（かつら・しんたろう）、博士（学術）

高知県公立大学法人高知工科大学経済・マネジメント学群および大学院起業マネジメントコース教授、博士（学術）

1973年愛媛県生まれ。愛媛大学大学院博士後期課程修了、博士（学術）。1998年から短大教員、長岡大学経済経営学部准教授、高知工科大学准教授を経て、2016年から現職。担当科目は、経営管理論、企業論、経営戦略論、地域活性化システム論、NPO論、ゼミ・卒論等。また大学院では経営戦略論、地域産業振興論、研究方法論等を担当。これまで、愛媛、高知、新潟に在住しながら、製造業（特に素材産業）における経営改善に関する調査研究および、地域と企業の関係や経営学の視点から地域ビジネスや地域活性化に着目した調査研究を行っている。日本生産管理学会理事（2008年～2013年、2018年～現在）、同代議員（2013年～2017年）、標準化研究学会理事、人を大切にする経営学会発起人および常任理事（2014年～2020年）、地域活性学会本部理事および事務局長（2019年～現在）。著書は『我らダイヤモンド企業』（共著、丸善、2008）、『農業ビジネス学校』（共著、丸善、2009）、『土佐アート街道をゆく』（共著、丸善、2010）、『地域活性化のためのビジネス方法論』（共編著、高知新聞社、2010）、『地方のための経営学』（共著、千倉書房、2015）、『これからの農業経営―会計の意識・知識を経営に活かす―』（共著、千倉書房、2018）、『地域活性化のための戦略的農業経営―概念データモデルによる創造的アプローチ―』（共著、千倉書房、2020）など。

【執筆者紹介】

那須清吾（なす・せいご）、博士（工学）

高知県公立大学法人高知工科大学学長特別補佐／大学院起業マネジメントコース長・教授。

1959年大阪市生まれ。東京大学工学部卒業、University of California San Diego大学院修士課程修了、その後、東京大学より工学博士号を授与される。住友金属株式会社、建設省道路局国道課長補佐、建設省近畿幹線道路調査事務所長、国土交通省姫路河川国道事務所長を経て、2004年より高知工科大学工学部社会システム工学科教授。2008年マネジメント学部設置とともに学科長に着任、2011年より学部長。2015年4月から高知工科大学学長特別補佐および大学院起業マネジメントコース長／教授および経済・マネジメント学群教授。この間、21世紀COEプロジェクトリーダーとして社会マネジメントシステム学の構築に尽力し社会マネジメント研究所を設立（センター長）。社会資本アセット・マネジメント、ニュー・パブリック・マネジメントなど行政経営・社会資本関連を調査研究テーマとしながら精力的に活動。JSTや主要省庁に係る各種プロジェクトリーダーを多数務める。NPO法人社会貢献研究所理事長。㈱グリーンエネルギー研究所代表取締役社長。地域活性学会常任理事／副会長。全国における講演や著書・論文多数。

【本書に寄せて執筆・推薦者紹介】

清成忠男（きよなり・ただお）

1933年生まれ、東京大学経済学部卒業。法政大学経営学部教授、学部長を経て、1996年から法政大学総長・理事長（2005年まで）。2008年から2013年まで高知工科大学理事。地域活性学会初代会長。2010年瑞宝大綬章。主要著書は『日本中小企業の構造変動』（新評論、1970）、『現代中小企業論』（日本経済新聞社、1976）、『中小企業ルネッサンス』（有斐閣、1993）、『ベンチャー・中小企業優位の時代』（東洋経済新報社、1996）、『地域創生への挑戦』（有斐閣、2010）、ほか多数。

【推薦者紹介・推薦の言葉執筆】

中嶋聞多（なかじま・もんた）

大阪大学工学部卒業、慶応義塾大学大学院文学研究科修了。専門は応用情報学（情報にもとづく問題解決の研究）。東京慈恵会医科大学医学部助手、文教大学情報学部助教授、信州大学人文学部教授、法政大学大学院政策創造研究科教教授、事業構想大学院大学教授・副学長を経て、2016年から信州大学特任教授。2019年から京都芸術大学客員教授も兼任。またこの間、慶応義塾大学SDM研究科特別招聘教授、新潟薬科大学応用生命科学部特別招聘教授を歴任。2016年から地域活性学会第3代会長となり、現在に至る。

地域活性化システム論
理論と実践の融合と価値創造による地方創生を目指して

2020年 10月 25日　初版第1刷発行

著　者　桂信太郎・那須清吾

発行者　千倉成示

発行所　株式会社 千倉書房
〒104-0031　東京都中央区京橋 2-4-12
TEL 03-3273-3931 ／ FAX 03-3273-7668
https://www.chikura.co.jp/

印刷・製本　藤原印刷株式会社
装丁デザイン　冨澤　崇

ISBN 978-4-8051-1215-1 C3034